CW01636128

Le ghetto français

Dans la même collection

DERNIERS TITRES PARUS

Xavier GAULLIER
Le Temps des retraites (2003)

Suzanne BERGER
Notre première mondialisation (2003)

Robert CASTEL
L'Insécurité sociale (2003)

Bruno TERTRAIS
La Guerre sans fin (2004)

Thierry PECH, Marc-Olivier PADIS
Les Multinationales du cœur (2004)

Pascal LAMY
La Démocratie-monde (2004)

Philippe ASKENAZY
Les Désordres du travail (2004)

François DUBET
L'École des chances (2004)

Éric MAURIN
Le Ghetto français (2004)

Julie ALLARD, Antoine GARAPON
Les Juges dans la mondialisation (2005)

François DUPUY
La Fatigue des élites (2005)

Patrick WEIL
La République et sa diversité (2005)

Jean PEYRELEVADE
Le Capitalisme total (2005)

Patrick HAENNI
L'Islam de marché (2005)

Marie DURU-BELLAT
L'Inflation scolaire (2006)

Jean-Louis MISSIKA
La Fin de la télévision (2006)

Daniel COHEN
Trois Leçons sur la société post-industrielle (2006)

Louis CHAUVEL
Les Classes moyennes à la dérive (2006)

François HÉRAN
Le Temps des immigrés (2007)

DOMINIQUE MÉDA, HÉLÈNE PÉRIVIER
Le Deuxième Âge de l'émancipation (2007)

Thomas PHILIPPON
Le Capitalisme d'héritiers (2007)

Youssef COURBAGE, Emmanuel TODD
Le Rendez-vous des civilisations (2007)

ROBERT CASTEL
La Discrimination négative (2007)

LAURENT DAVEZIES
La République et ses territoires (2008)

GÖSTA ESPING ANDERSEN
(avec Bruno Palier)
Trois Leçons sur l'État-providence (2008)

LOÏC BLONDIAUX
Le Nouvel Esprit de la démocratie (2008)

JEAN-PAUL FITOUSSI, ÉLOI LAURENT
La Nouvelle Écologie politique (2008)

Éric Maurin

Le ghetto français

Enquête sur le séparatisme social

LA
RÉPUBLIQUE
DES IDÉES
SEUIL

Collection dirigée par
Pierre Rosanvallon
et Thierry Pech

ISBN 978-2-02-068580-1

www.seuil.com
www.repid.com

Introduction

Le territoire s'est imposé ces dernières années comme le révélateur des nouvelles inégalités. Il leur a donné un langage pour ainsi dire physique : celui des quartiers et des « cités » où se matérialise brutalement ce que la statistique peine parfois à décrire. Un langage plus complet aussi, car la ségrégation urbaine articule et concentre presque toutes les formes d'inégalités (de revenus, de formation, de destins, etc.).

Pourtant, l'évidence peut être trompeuse. Le territoire exhibe certaines formes de ségrégation et en dissimule d'autres. Les « quartiers difficiles » sautent aux yeux, mais pas les stratégies de fuite ou d'évitement qui en éloignent. Les lignes de démarcation de la misère sont infiniment plus spectaculaires que les ruses de l'esquive. Tandis que la pauvreté frappe, l'intelligence de l'entre-soi ou la peur du déclassement, qui sont les passions motrices de la ségrégation, s'enveloppent de transparence.

C'est à ces évidences trompeuses qu'a succombé la politique de la ville depuis quinze ou vingt ans. Abusée par le visible, elle participe d'une conviction d'autant plus partagée qu'elle a pour elle l'intuition la plus commune : le problème central de la société française serait de résoudre les difficultés de quelques centaines de quartiers dûment répertoriés, où se concentre l'essentiel des exclus.

La « fracture sociale » passerait entre une minorité de cas extrêmes et le reste de la société, entre une frange d'exclus et la masse informe des inclus. En somme, le problème se résumerait au « scandale manifeste » des zones les plus déshéritées.

Cette représentation sous-estime grandement l'étendue du mal. Elle fait comme si la difficulté procédait essentiellement de quelques « quarantaines sociales », comme si une soudaine poussée de ségrégation territoriale avait créé 500 ou 600 enclaves déshéritées à l'intérieur d'un paysage relativement homogène et continu.

En réalité, les difficultés sont à la fois plus anciennes et plus générales. Plus anciennes, car les indicateurs de ségrégation territoriale révèlent une situation à peu près fixe depuis quinze ou vingt ans. Plus générales ensuite, car cette ségrégation déborde largement le problème particulier des ghettos pauvres, que par ailleurs aucune politique n'est parvenue à résoudre. La dramaturgie française de la ségrégation urbaine n'est pas celle d'un incendie soudain et local, mais celle d'un verrouillage général, durable et silencieux des espaces et des destins sociaux. Le tableau des inégalités territoriales révèle une société extraordinairement compartimentée, où les frontières de voisinage se sont durcies et où la défiance et la tentation séparatiste s'imposent comme les principes structurants de la coexistence sociale.

De fait, le « ghetto français » n'est pas tant le lieu d'un affrontement entre inclus et exclus, que le théâtre sur lequel chaque groupe s'évertue à fuir ou à contourner le groupe immédiatement inférieur dans l'échelle des difficultés. À ce jeu, ce ne sont pas seulement des ouvriers qui fuient des chômeurs immigrés, mais aussi les salariés les plus aisés qui fuient les classes moyennes supérieures, les classes moyennes supérieures qui esquivent les professions intermédiaires, les professions intermédiaires qui refusent de se mélanger avec les employés, etc. Bref, en chacun de nous se découvre un complice plus ou moins actif du processus ségrégatif.

Les quartiers sensibles doivent demeurer naturellement un sujet de préoccupation, mais ils ne sont que le résultat le plus visible de la ségrégation urbaine. Le principe actif de la fragmentation territoriale se trouve ailleurs, dissimulé dans les plis d'une expérience infiniment plus générale mais qui reste à ce jour sans formulation politique : la réduction à tout prix de l'incertitude des rencontres et de la variété du voisinage par où se définissait un certain idéal de sociabilité urbaine. Les mêmes passions qui poussent à se détourner des « ghettos pauvres » président à la sécession des « ghettos chics » à l'autre bout de la chaîne, et alimentent au passage les dynamiques de cloisonnement qui traversent toute la société. Le phénomène le plus marqué ne procède d'ailleurs pas tant d'une « ghettoïsation par le bas » que d'une « ghettoïsation par le haut ».

Dans un pays où le discours politique est régulièrement marqué par les incantations sur le thème de l'égalité républicaine et le rejet du « modèle américain » – spontanément associé aux ghettos communautaires –, la réalité et l'étendue de la ségrégation territoriale font figure de mal social inassumé et de démenti cinglant[1].

Ces constats invitent à repenser en profondeur les politiques sociales en la matière. Les politiques de la ville et du logement menées depuis vingt ans pour faire progresser la mixité en développant les logements sociaux ou les aides personnalisées au logement, ont peut-être atténué quelques symptômes, mais n'ont jamais atteint les causes intimes de la ségrégation. De même, les politiques ciblées en faveur des territoires les plus désavantagés, comme les zones d'éducation prioritaires (ZEP) ou les zones franches, s'avèrent très décevantes.

Si ces efforts sont restés relativement vains, c'est parce qu'ils s'en sont pris essentiellement aux conséquences visibles de la ségré-

1. Voir le remarquable dossier de la revue *Esprit*, « La ville à trois vitesses : gentrification, relégation, périurbanisation », mars-avril 2004.

gation. Or, on a peu de chance de désamorcer les processus de sécession territoriale sans s'attaquer au principal facteur d'anxiété sociale qui les sous-tend : la précocité et l'irréversibilité des mécanismes d'enfermement des individus dans des destins écrits d'avance. Car, en cloîtrant le présent dans des territoires, c'est aussi l'avenir que l'on enferme ou que l'on sécurise. Si le territoire est l'enjeu d'une compétition aussi âpre, c'est que le lieu de résidence et les interactions sociales qu'il conditionne comptent parmi les ressources essentielles d'une concurrence généralisée pour les meilleurs destins, laquelle s'engage désormais dès l'enfance.

Pour comprendre la ségrégation territoriale, c'est l'importance de ces ressources qu'il faut cerner. C'est ce que je tenterai de montrer dans cet essai, avant de dire quelles sont, selon moi, les pistes à explorer pour mettre sur pied des politiques à la fois plus justes et plus efficaces.

Mais cette réflexion s'appuie d'abord sur un état des lieux de la ségrégation aujourd'hui. Le tableau qui en est proposé dans les pages qui suivent appelle une précision de méthode. Il repose sur une analyse des données de l'enquête Emploi menée chaque année par l'INSEE, lesquelles offrent un panorama sans équivalent de la ségrégation spatiale et de son évolution dans le temps. Cette enquête est constituée à partir d'un échantillon représentatif de petits voisinages de 30 à 40 logements adjacents. L'INSEE a choisi cette technique non par intérêt pour les phénomènes de ségrégation, mais, plus prosaïquement, pour réduire les coûts de déplacement de ses agents. L'enquête est exhaustive au sein de chaque voisinage, toutes les personnes de 15 ans ou plus étant interrogées. Elle fournit ainsi, sans l'avoir recherchée, une information détaillée sur chaque personne interrogée, mais également sur l'ensemble des personnes habitant dans son voisinage immédiat. Il s'agit d'une mine d'informations tout à fait exceptionnelle pour analyser les formes de la ségrégation territoriale ainsi que pour explorer les effets de la morphologie sociale des voisinages sur les destins de leurs habitants. Pour mesurer le niveau de la ségrégation territoriale en France, j'ai tout simplement évalué la répartition de chaque catégorie sociale entre les 4000 voisinages observés par l'enquête, et je l'ai ensuite comparée avec une situation théorique de « mixité parfaite » (c'est-à-dire si les membres de chaque catégorie étaient répartis de manière parfaitement aléatoire sur l'ensemble du territoire). Les écarts par rapport à cette norme théorique sont les indicateurs de ségrégation les plus simples que l'on puisse imaginer. À ma connaissance, cette méthode n'avait jusqu'à présent jamais été utilisée, notamment pour évaluer l'évolution dans le temps des différentes formes de ségrégation. Les résultats présentés sont donc en grande partie inédits[2].

2. Une présentation détaillée de l'enquête et des méthodes utilisées ici a été faite par Dominique Goux et Éric Maurin (*Neighborhood Effects and Performance at School*, disponible sous forme de document de travail du CREST, 2004) lors du Symposium sur les politiques publiques du CEPR (Paris, novembre 2003).

CHAPITRE I

La société de l'entre-soi

Les politiques de la ville menées depuis plus de vingt ans en France sont, je crois, exemplaires de l'évolution de l'ensemble des politiques sociales de ce pays. Leur objectif central est de faire disparaître quelques centaines de zones sensibles bien identifiées, où s'accumulent la pauvreté et les problèmes d'intégration. Elles reposent sur la même lecture de la société que le RMI et les différentes politiques d'insertion des publics en difficulté apparues ces vingt dernières années : de leur point de vue, le seul clivage social réellement pertinent se situe entre la grande masse des inclus et une minorité d'exclus qui cumule tous les handicaps. Pour résoudre cette fracture, la méthode généralement privilégiée est celle du contrat et de la responsabilisation des publics en difficulté. Ces politiques se veulent « ciblées » et misent sur des stratégies les plus décentralisées et contractuelles possibles pour éliminer la persistance de la pauvreté.

Il faut aujourd'hui admettre que cette doctrine et les politiques qu'elle inspire ne parviennent ni à réduire la pauvreté, ni surtout à infléchir les mouvements d'éloignement et de défiance entre groupes sociaux apparus à l'orée des années 1980. Il y a même une certaine naïveté à croire que l'on puisse résoudre les problèmes d'exclusion par la seule logique contractuelle : être exclu, c'est presque par définition ne pas ou ne plus être en mesure de nouer un rapport cohérent à l'avenir et donc d'honorer un contrat. Mais la naïveté n'explique pas tout : ces politiques souffrent plus profondément d'une lecture simpliste de la société. Les clivages sociaux sont aujourd'hui infiniment plus complexes que ne le suppose implicitement le ciblage des quartiers sensibles ou des publics en difficulté. Notre société ne se résume pas à un déchirement entre quelques ghettos à la dérive et une vaste étendue de villes et de banlieues de plus en plus interchangeables et métissées.

Sauf à reconnaître cette complexité et à en comprendre les ressorts intimes, nos efforts en faveur d'une plus grande cohésion sociale risquent de demeurer sans effet. Il ne s'agit certes pas de nier l'existence de ghettos où s'accumulent toutes les pauvretés, ni la nécessité d'aider spécifiquement ces populations à ne pas sombrer davantage. Mais, pour réintégrer le segment le plus pauvre de la population, il faudra désamorcer un processus de sécession territoriale beaucoup plus général, par lequel chaque fraction de classe sociale évite activement de se mélanger à celle qui se trouve immédiatement au-dessous ou à côté d'elle dans l'échelle des difficultés. Tant que nos politiques ne tiendront pas compte de cette réalité, elles seront contournées par les familles et n'auront d'autre effet que de réactiver les distances, les stratégies d'esquive et le ressentiment entre les différentes catégories sociales.

De fait, le marché résidentiel est peut-être le lieu où se révèlent aujourd'hui, dans leur plus cruelle netteté, les nouvelles lignes de fracture de notre société, et notamment la rupture entre les classes moyennes et les élites. Le lieu de résidence est aujourd'hui plus que jamais un marqueur social. Peut-être même le principal marqueur pour beaucoup de familles.

Une ghettoïsation par le haut

Qu'observe-t-on de ce point de vue à travers les données de l'enquête Emploi de l'INSEE ? Contrairement à une idée reçue, les clivages territoriaux ne sont guère plus élevés qu'il y a vingt ans : la société française était et reste très loin d'un idéal de mixité. Si certains clivages tendent à se creuser aujourd'hui, ce n'est d'ailleurs pas tant entre quelques ghettos pauvres en perte de vitesse et le reste de la société, qu'entre les enclaves chics et les différentes fractions de classes moyennes qui fuient les cités déshéritées et restent aimantées par les quartiers bourgeois. Si déchirement il y a, il est d'abord l'œuvre d'élites qui mobilisent toutes leurs ressources pour se mettre à l'écart.

L'une des formes les plus spectaculaires de ségrégation est en effet celle qui éloigne les personnes les plus riches – matériellement comme culturellement – de toutes les autres. Si l'on définit comme « salariés aisés » ceux dont les rémunérations sont parmi les 10 % les plus élevées (soit, en 1999, plus de 3 500 euros net par mois), on constate qu'ils se concentrent dans leur très grande majorité dans une toute petite minorité de voisinages[3]. Près de la moitié des quelque 4 000 petits voisinages explorés par l'enquête Emploi ne comptent ainsi quasiment aucun salarié aisé, soit trois fois plus que ce que l'on observerait en l'absence de ségrégation territoriale, c'est-à-dire si les salariés « aisés » étaient équitablement répartis sur le territoire (voir tableau 1 en annexes p. 91). De façon générale, le pourcentage de personnes relativement bien rémunérées varie d'un quartier à l'autre dans des proportions près de deux fois et demie plus importantes que dans une situation théorique

3. Par définition, les salariés aisés représentent 10 % de la population et les voisinages de l'enquête Emploi comptent en moyenne 17 salariés chacun. Une répartition aléatoire des salariés aisés dans les voisinages impliquerait une proportion $(1-0{,}10)^{17} = 0{,}16$ de voisinages sans salariés aisés (c'est-à-dire 16 %). En réalité, on en compte 43,2 %, soit près de trois fois plus.

de « mixité parfaite », c'est-à-dire s'il n'y avait tout simplement aucune forme de ségrégation (voir tableau 2 en annexes p. 92).

Un diplôme du supérieur n'implique pas forcément un salaire parmi les plus élevés, mais, dans bien des cas, un salaire plus sûr et donc un rapport plus solide à l'avenir. Il s'agit aujourd'hui d'un atout considérable sur les marchés du crédit et du logement où les bailleurs recherchent des garanties de durée et de fiabilité. C'est sans doute pourquoi le degré de concentration des personnes les mieux diplômées est plus intense encore que celui des personnes les mieux rémunérées. Le pourcentage de diplômés du supérieur varie d'un voisinage à l'autre dans des proportions près de trois fois et demie plus importantes qu'en l'absence de ségrégation spatiale. La proportion de voisinages sans diplômé du « supérieur long » est plus de quatre fois plus importante que ce qu'elle serait si cette population était équitablement répartie sur le territoire. Le principe fondamental de la ségrégation territoriale n'est pas tant la richesse actuelle des familles, que les attributs les plus durables et les plus identitaires de cette richesse : ceux qui permettent de se projeter dans l'avenir, qui confèrent une forme de statut.

Là encore, cette situation ne présente aucun caractère de nouveauté par rapport à celle qui prévalait au début des années 1980. La proportion de personnes parmi les mieux payées varie d'un territoire à l'autre de manière à peu près identique aujourd'hui et au début des années 1990. Le pourcentage des personnes les mieux diplômées varie quant à lui d'un voisinage à l'autre dans des proportions à peine plus élevées aujourd'hui qu'il y a vingt ans. En première approximation, la richesse – et particulièrement les formes les plus permanentes et identitaires de cette richesse – apparaît ni plus ni moins concentrée sur le territoire qu'il y a une ou deux décennies. Si la ségrégation territoriale devient un problème de plus en plus brûlant, ce n'est pas tant parce qu'elle s'accroît que parce que le territoire devient un enjeu de plus en plus central, et la lutte pour les meilleurs voisinages de plus en plus âpre.

Les quartiers de pauvres

La concentration de la richesse est sans nul doute l'expression d'un choix, celui des personnes les plus aisées et les mieux informées qui décident de s'installer dans l'environnement le plus stable et le plus protégé possible. Nous reviendrons plus loin sur les causes profondes de ce séparatisme de plus en plus actif des fractions supérieures de la société. La focalisation de la demande de logement des personnes les plus riches sur quelques beaux quartiers contribue à y maintenir le prix des logements à des niveaux élevés ; mécaniquement, les personnes les plus pauvres sont condamnées à aller habiter ailleurs. Il en résulte inévitablement une concentration territoriale des personnes les plus pauvres. Quitte à enfoncer une porte ouverte, il convient de souligner que cette concentration des familles pauvres est plus un phénomène par défaut que le résultat d'une stratégie active de leur part (de type communautariste, par exemple). C'est peut-être la raison pour laquelle, contrairement à une idée reçue, les personnes les plus démunies de ressources matérielles sont finalement moins concentrées sur le territoire que les personnes les plus favorisées. Tandis que celles-ci mobilisent leurs ressources pour s'isoler, celles-là subissent des dynamiques de relégation. Les ghettos les plus fermés sont des ghettos de riches. La richesse – et notamment celle, immatérielle, que confèrent les diplômes des grandes écoles – est moins visible à l'œil nu que la pauvreté – et notamment celle qu'impose dans notre société le fait de ne pas être blanc ou de ne pas avoir la nationalité française. C'est sans doute ce qui explique la relative transparence sociale des enclaves chics.

Cela ne veut bien sûr pas dire que les ghettos défavorisés n'existent pas. Si l'on définit comme « pauvres » les salariés au chômage ou ceux dont le salaire mensuel est parmi les 10 % les plus faibles de la population (soit, en 1999, un peu moins de 950 euros net par mois), on constate que la majorité des pauvres résident, eux aussi, dans une petite minorité de voisinages. Au cours de la décennie écoulée, le pourcentage de ces personnes varie d'un quartier à l'autre dans des proportions de 1,5 à 2 fois plus importantes que si elles étaient équitablement réparties sur le territoire.

De même que la concentration de la richesse culturelle est plus importante que celle de la richesse matérielle, la concentration de la pauvreté culturelle est plus nette encore que celle de la pauvreté matérielle. Le pourcentage de personnes sans diplôme varie ainsi d'un quartier à l'autre dans des proportions deux fois et demie plus importantes que si leur répartition sur le territoire était équitable. De fait, le manque de diplôme et de qualification est à l'origine des formes de pauvreté les plus permanentes, et donc les plus pénalisantes sur le marché du logement.

Pourtant, encore une fois, en comparant la situation actuelle avec celle qui prévalait il y a dix ou vingt ans, on ne constate pas d'accroissement particulier dans la concentration de la pauvreté. Du point de vue des proportions de personnes au chômage ou mal rémunérées, les inégalités entre voisinages sont même légèrement moins fortes qu'au début des années 1990 ou 1980. Quant à la concentration des personnes sans diplôme, la tendance est également à une légère érosion.

D'une façon générale, les clivages territoriaux n'évoluent que très lentement. La fracture s'accroît surtout entre les élites sociales et culturelles et les classes moyennes, tandis que les fractions les plus démunies des classes moyennes ne peuvent plus éviter de se mélanger progressivement aux classes modestes. Ce dernier phénomène est sans doute à l'origine des formes de ressentiment particulièrement vif observées dans certaines fractions de la classe moyenne, notamment dans leur comportement politique[4].

Rappelons que le 21 avril 2002, c'est au sein des classes moyennes inférieures (agents de maîtrise, techniciens…) que l'abstention et le vote d'extrême droite ont été les plus forts, soit dans

4. Voir D. Goux et É. Maurin, « Anatomie sociale d'un vote : le 21 avril 2002 », Paris, La République des Idées, document de travail, septembre 2002.

les fractions de classe aujourd'hui les plus directement menacées par la désindustrialisation et le déclassement social et territorial. Ce déclassement est perçu comme d'autant plus stigmatisant que les quartiers défavorisés sont considérés à juste titre comme des enclaves où se massent les populations étrangères ou issues de l'immigration. Autrement dit, ce type de relégation se double aujourd'hui d'un sentiment de déclassement ethnique, subi et particulièrement destructeur sur le plan politique.

Ghettos d'immigrés

À la pauvreté matérielle et culturelle vient s'ajouter pour beaucoup de résidents une autre forme de pauvreté : celle qui consiste dans le fait de ne pas avoir la nationalité française ou d'être issu de l'immigration. Sur le marché du logement, c'est même la véritable pauvreté, plus handicapante encore que le manque de revenus. Le fait que Français et étrangers n'habitent pas les mêmes voisinages représente ainsi aujourd'hui l'une des formes les plus extrêmes de ségrégation territoriale, aussi intense que celle liée au diplôme. Dans près de la moitié des 4000 voisinages observés par l'enquête Emploi, il n'y a quasiment aucun étranger (soit trois fois plus qu'en l'absence de ségrégation selon l'origine géographique). De même, la proportion de personnes étrangères varie d'un voisinage à l'autre dans des proportions près de trois fois et demie plus importantes que si elles étaient équitablement réparties sur le territoire. C'est l'indicateur d'inégalités entre voisinages le plus élevé de tous ceux que j'ai pu calculer. La conclusion s'impose : les personnes étrangères sont souvent pauvres, sans diplôme, mais leur concentration est telle qu'elle ne peut pas s'interpréter comme le simple reflet d'une ségrégation selon le revenu. À niveau de diplôme et de revenu donné, les personnes étrangères (qui ne peuvent notamment pas être fonctionnaires) souffrent de ne pouvoir toujours donner les mêmes garanties de solvabilité que les personnes françaises – sur le marché du logement notamment –, mais aussi, tout simplement, de discrimination raciale.

Pour cette dimension de la ségrégation urbaine comme pour les autres, on ne peut toutefois pas vraiment parler d'aggravation. Tout au plus peut-on stigmatiser l'impuissance des politiques successives à enrayer le phénomène. Selon les données disponibles, le degré de ghettoïsation des immigrés n'est pas plus élevé aujourd'hui qu'il y a vingt ans, à l'époque des émeutes des Minguettes. Le problème ethnique et religieux s'est sans nul doute aiguisé en France, mais son terreau est en place depuis fort longtemps. D'autre part, l'hypothèse d'une forte poussée communautariste pour expliquer les mécanismes de ghettoïsation laisse perplexe l'économiste. S'il y avait bel et bien formation de pôles d'attraction communautaires dans ces quartiers, si ces voisinages étaient réellement porteurs d'une forte charge identitaire, chercherait-on à s'en éloigner à la première occasion ? Si communautarisme il y a, c'est éventuellement un communautarisme d'attente, de réaction à la ségrégation, et non une construction de type sécessionniste. Outre que cette hypothèse tend à reporter la charge de la ségrégation sur ses victimes, à substituer aux mécanismes de la relégation un soupçon de séparatisme inavoué, elle rend tout simplement mal compte de la réalité.

Ségrégation et embourgeoisement

Le fait que les processus de ségrégation soient relativement anciens ne dispense pas d'une autre interrogation : pourquoi nous donnent-ils l'impression de s'aggraver alors que les chiffres révèlent un faisceau d'attractions et de répulsions territoriales quasi inchangé ? C'est que le paysage urbain ne dépend pas seulement de la plus ou moins grande disposition de chacun à vivre auprès de ceux qui ne lui ressemblent pas. La clef du paradoxe est ailleurs : aussi intenses soient-elles, les tensions ségrégationnistes ne représentent qu'un seul des deux grands ingrédients donnant ses formes les plus visibles au territoire. La tonalité des villes et des quartiers dépend également, tout simplement, de l'importance respective des différentes classes sociales dans l'ensemble de la population. Or, de ce point de vue, la société française a beaucoup changé : la classe ouvrière a plutôt reculé, les cadres ont gagné en importance et la plupart des groupes sociaux ont considérablement évolué. L'impression visuelle d'une société en cours de ghettoïsation et de sécession territoriale vient aussi de là.

Dans un contexte de ségrégation élevée et persistante, l'accroissement de la proportion des cadres dans la population donne lieu, notamment, à des phénomènes d'embourgeoisement tout à fait spectaculaires. Sur le plan politique, ces évolutions sont bien entendu d'une importance considérable. Tant que les cadres ne représentaient qu'une petite minorité de la population, leur regroupement dans quelques enclaves bourgeoises n'altérait pas vraiment la tonalité générale des villes et des régions. Aujourd'hui qu'ils représentent près de 15 % de la population active, il en va tout autrement. Ils s'accaparent désormais des pans entiers de l'espace urbain, notamment les centres-villes, les beaux quartiers et les zones les plus proches des principaux équipements. Cette réalité n'est sans doute nulle part aussi saisissante qu'à Paris et dans la région parisienne, là où les classes supérieures étaient déjà plus particulièrement nombreuses il y a dix ou vingt ans[5]. Au fil des recensements généraux de la population, la dérive est sans appel : au fur et à mesure qu'elles gagnent en importance, les classes supérieures repoussent les classes moyennes vers les périphéries, des communes et des quartiers entiers perdant peu à peu leur dernier semblant de mélange social. Étudiant l'évolution dans le temps d'un échantillon de 80 quartiers parisiens, Martine Berger révèle ainsi que la pro-

---

5. Voir Martine Berger, *les Périurbains de Paris. De la ville dense à la métropole éclatée ?* Paris, CNRS Éditions, 2004, et Edmond Preteceille, « Les registres de l'inégalité : lieux de résidences et ségrégation sociale », *Cahiers français*, n° 314, 2003.

portion de zones où l'on compte plus de deux fois plus de cadres que de professions intermédiaires a crû de 25 % à 63 % entre 1982 et 1999. Inversement, la proportion de quartiers parisiens où l'on compte à peu près autant de professions intermédiaires que de cadres a chuté de 25 % à moins de 10 %. Enjeu traditionnel d'une concurrence sociale très rude, les quartiers de Paris et certaines des communes de sa banlieue sont le lieu d'une surreprésentation de plus en plus écrasante des cadres et des professions intellectuelles supérieures, dont on ne trouve nul équivalent ailleurs. Périurbanisation des classes moyennes et concurrence entre les élites pour résider à Paris (ou près de Paris) sont les figures centrales et le ressort intime de ce mouvement particulier de sécession des classes supérieures parisiennes.

Le fait que les classes moyennes se soient éloignées de Paris ne signifie pourtant pas qu'elles se soient mélangées avec les classes populaires. Classes populaires et classes moyennes franciliennes n'ont jamais vraiment résidé aux mêmes endroits et le dernier recensement de la population ne révèle aucune inversion de tendance. Le clivage territorial entre la classe moyenne et la classe ouvrière aurait même plutôt tendance à se creuser encore davantage dans certaines communes de la grande couronne. Le parc pavillonnaire périurbain est plus homogène en qualité que ne l'étaient les immeubles locatifs du tissu urbain. Cette plus grande homogénéité de l'offre de logement explique sans doute en partie le resserrement de l'éventail des statuts sociaux dans certaines zones périurbaines nouvellement peuplées par les classes moyennes. Indirectement ce mouvement a favorisé la marginalisation des classes populaires dans les communes à forte concentration de logements sociaux, notamment dans le nord-est de la région parisienne.

La progressive transformation sociale des villes et des régions est le reflet des tensions qui travaillent les communes de l'intérieur. De la même façon que des villes entières se retrouvent spécialisées dans les classes moyennes et servent de soupape entre villes globalement pauvres et villes globalement riches, les quartiers de classes moyennes se retrouvent souvent pris en étau au sein même des villes entre les quartiers déshérités et les enclaves riches[6]. La ségrégation est une tension diffuse, fractale, donnant son visage à l'ensemble du pays, mais dont le principe est tout entier contenu dans l'organisation sociale du moindre quartier de la moindre commune de banlieue. Comprendre son ressort profond suppose que l'on regarde au-delà du déterminisme brutal des infrastructures communales ou régionales, pour descendre dans l'intimité des résidents, de leurs peurs et de leurs aspirations.

Pour accomplir ce travail, il est sans doute aussi nécessaire d'aller au-delà des représentations habituelles de l'espace social lui-même. En s'en tenant au triptyque classes supérieures, classes moyennes, classes populaires, on donne une image incomplète des évolutions de l'espace en général[7] et des dynamiques d'embourgeoisement en particulier. Les cadres d'aujourd'hui, par exemple, ne sont plus les cadres des années 1970, leur catégorie s'est à la fois diversifiée et « moyennisée[8] », d'où un flou grandissant sur la signification exacte des phénomènes d'embourgeoisement observés à travers les recensements de la population.

---

6. Pour une description de la fragmentation sociale entre communes et au sein des communes franciliennes à partir de données sur les revenus fiscaux, voir T. Saint-Julien, J.-C. François, H. Mathiau, A. Ribardière, *les Disparités de revenus des ménages franciliens en 1999. Approches intercommunales et infracommunales, et évolutions des différenciations intercommunales (1990-1999),* rapport pour la DREIF, 2002.

7. Le recensement de la population ne fournit pas d'information sur le revenu et une information très imprécise sur les diplômes. Il condamne ainsi à s'appuyer sur l'information disponible sur les catégories socioprofessionnelles. Il en résulte sans doute une vision tronquée des évolutions dans le temps de la ségrégation territoriale. D'où l'intérêt particulier de pouvoir examiner en complément les enquêtes statistiques comme l'enquête Emploi.

8. La différence de revenu moyen entre cadre et ouvrier est passée de 1 à 4 dans les années 1970 à 1 à 2,5 aujourd'hui.

Les déchirures politiques du territoire

Riches et diplômés, d'un côté, et pauvres et immigrés, de l'autre, forment donc les pôles extrêmes de la ségrégation territoriale. Faut-il cependant en rester à la représentation d'une société divisée en trois blocs: deux extrémités très concentrées entre lesquelles se situerait une majorité d'individus relativement mélangés? Certainement pas: la ségrégation territoriale atteint aussi ce « cœur social » et le fractionne.

Le mouvement de sécession des classes supérieures parisiennes caractérise avant tout les cadres et les professions intermédiaires du privé[9]. Ce sont les choix résidentiels des cadres et ingénieurs d'entreprise qui aujourd'hui contribuent le plus à la persistance de ghettos bourgeois. Un cran plus bas dans l'échelle des ressources, ce sont les choix résidentiels des professions intermédiaires du privé (représentants de commerce, techniciens d'entreprise…) qui maintiennent le plus nettement à distance les classes populaires. La ségrégation persiste, mais prend également de nouvelles formes, épousant de plus en plus étroitement le clivage privé-public, Neuilly et Saint-Cloud d'un côté, Bures-sur-Yvette ou Chatenay-Malabry de l'autre.

Ces transformations traduisent dans l'espace une évolution plus sourde, de nature beaucoup plus politique. Le clivage idéologique majeur réside aujourd'hui entre ceux qui – dans les entreprises privées – vivent de l'intérieur les transformations du capitalisme, et ceux qui – dans le public – ressentent comme une agression le progressif rétrécissement du périmètre de l'État et des grandes entreprises publiques.

D'un point de vue idéologique, il y a aujourd'hui autant, sinon davantage, de distance entre les cadres du public et les cadres du privé qu'entre l'ensemble des cadres et l'ensemble des profes-

9. Sur ce point, voir E. Preteceille, « Les registres de l'inégalité… », art. cité.

sions intermédiaires. De même, rien de plus éloigné sur l'échiquier politique que les classes moyennes du public (infirmières, instituteurs…) et les classes moyennes du privé (représentants, artisans, etc.). C'était déjà vrai lors de l'élection présidentielle d'avril 2002, cela fut encore plus flagrant lors des élections régionales de mars 2004[10] : la droite au pouvoir n'a nulle part aussi bien résisté que dans les communes où les cadres du privé sont les plus nombreux. Quant à la gauche, elle n'a nulle part autant progressé que dans les communes où les cadres du public sont majoritaires. Les cadres du privé sont aujourd'hui plus proches électoralement des classes moyennes du privé que des cadres du public. Par ailleurs, c'est au sein de ces mêmes classes supérieures et moyennes du privé – notamment les fractions les plus exposées aux formes radicales de déclassement social, comme le licenciement – que se recrute aujourd'hui une partie de l'électorat d'extrême droite. En simplifiant à l'extrême, travailler comme cadre dans le privé prédispose aujourd'hui tout à la fois à une recherche beaucoup plus active de l'*entre-soi* résidentiel et à une attitude beaucoup plus réservée, sinon hostile, vis-à-vis de l'État providence et de son action.

Les salariés du privé sont par définition les plus exposés aux transformations du capitalisme contemporain. Depuis quelques décennies, les cadres du privé forment une catégorie en pleine expansion et en pleine mutation. Le statut de cadre s'est progressivement banalisé dans les entreprises. Beaucoup n'échappent plus à la menace du chômage, notamment dans les secteurs les moins concentrés de l'économie comme le BTP, le commerce ou l'agroalimentaire. Pour les cadres de ces secteurs, s'opposer à une logique libérale revient de plus en plus à s'opposer à ce qui fait le quotidien de l'activité professionnelle.

10. Voir D. Goux et É. Maurin, *Anatomie sociale d'un vote. Le premier tour des élections régionales (21 mars 2004)*, La République des Idées, *Working papers*, n° 2, disponible sur www.repid.com (également paru dans *Le Monde* du 14 avril 2004).

La montée des services et des nouvelles technologies dans l'économie a modifié en profondeur la nature des emplois offerts par les entreprises privées. Les relations entre employeurs et salariés sont beaucoup plus personnalisées et fragiles qu'autrefois. La production de services sollicite chacun de façon plus intime et immédiate que la production de biens matériels. De même que chacun (comme consommateur) exige des autres une prestation de plus en plus adaptée à sa situation particulière, chacun (comme travailleur) doit désormais livrer dans son travail ce qu'il a de plus personnel et de plus singulier. Du coup, un même type d'emploi, dans une même ville, peut donner lieu à des arrangements très différents d'une entreprise à l'autre, tant du point de vue des modalités d'évaluation et de rémunération que des horaires de travail. C'est aujourd'hui la somme des singularités et non plus la capacité partagée à se fondre dans un collectif qui fait la force d'une organisation. Dans ce contexte, chacun se sent nécessairement plus responsable de ses échecs ou de ses réussites, et les sanctions du marché apparaissent pour beaucoup comme le juste révélateur du mérite et des efforts personnels. Simultanément, l'évolution du capitalisme accroît chez beaucoup de salariés du privé le sentiment que l'action de l'État n'est pas juste, puisque corrigeant après-coup les justes sanctions du marché. Plus autonomes, mais également plus isolés, les salariés contemporains sont par ailleurs conditionnés à chercher par eux-mêmes les voies d'une socialisation plus forte, d'une meilleure insertion dans le monde. La recherche un peu pathétique de l'*entre-soi* résidentiel est sans doute aujourd'hui pour beaucoup une réponse à la fragilisation des relations d'emploi et à la dégradation du lien social dans les entreprises.

La sélectivité de la mobilité résidentielle

Plus encore que la ségrégation, c'est l'extraordinaire sélectivité de la mobilité résidentielle qui révèle le mieux l'anxiété intime des familles et l'importance quasi existentielle du lieu d'habitation. En région parisienne comme ailleurs dans le pays, les familles aisées viennent systématiquement s'installer dans les espaces où elles sont déjà les mieux représentées, les familles de classes moyennes quasi exclusivement là où elles sont les plus nombreuses, les plus démunies n'ayant finalement pas d'autres choix que les quartiers défavorisés. La lenteur des évolutions du paysage urbain s'explique paradoxalement par l'implacable propension avec laquelle chacun, à chacune de ses mobilités, fuit ceux qui se situent immédiatement au-dessous de lui dans l'échelle supposée des réalisations, et cherchent la proximité rassurante de ceux immédiatement au-dessus.

L'enquête Emploi, là encore, aide à mieux comprendre cette réalité. Elle permet de comparer chaque année, au sein de chaque voisinage, le niveau socioprofessionnel des familles *s'installant* dans le quartier avec celui des familles *déjà présentes* dans le quartier. On ne constate presque aucune différence : dans les quartiers huppés ne s'installent que des familles en moyenne aussi riches que les résidents ; dans les ghettos défavorisés n'arrivent que des familles en moyenne aussi pauvres que les autres ; dans les zones intermédiaires ne prennent place que des familles de classes moyennes. Le marché résidentiel est d'une rigoureuse sélectivité, les familles s'installant dans un voisinage étant la plupart du temps l'image quasi exacte de celles qui s'y trouvent déjà.

Comparant les migrations résidentielles survenues dans la région parisienne entre les recensements de 1968 et 1975 d'une part, et de 1982 et 1990 d'autre part, Martine Berger constate, elle aussi, une corrélation très nette entre les statuts sociaux de ceux qui arrivent dans une commune et ceux qui la quittent, cette corrélation ayant en outre une légère tendance à s'accroître dans le temps.

Cette sélectivité des dynamiques résidentielles reflète, bien évidemment, les différences de prix du logement entre les voisinages où résident les plus riches et ceux où résident les plus pauvres. Ces écarts de prix s'expliquent eux-mêmes en partie par des différences dans la qualité des logements et la proximité de certaines infrastructures, mais pas seulement. Comment comprendre sinon l'échec relatif des politiques de réhabilitation du bâti, de destruction/reconstruction menées depuis vingt-cinq ans ? Il faut recourir à d'autres hypothèses pour expliquer les dynamiques internes de la ségrégation. Au-delà de la qualité des logements, c'est bel et bien la qualité du voisinage qui semble compter le plus. On choisit sans doute moins son immeuble que ses voisins.

Une économiste de Berkeley a récemment analysé les prix des logements situés sur les limites géographiques définissant les aires de recrutement des écoles primaires où les familles de la banlieue de Boston, aux États-Unis, sont tenues d'envoyer leurs enfants[11]. L'étude révèle que les logements d'une même rue ont un prix significativement plus élevé du côté de la rue correspondant aux écoles fréquentées par les meilleurs élèves. Toutes choses égales par ailleurs, pour se mettre en position d'envoyer son enfant dans une école où les résultats aux tests scolaires à l'école primaire sont 10 % plus élevés, il faut consentir à l'achat d'un logement 5 % plus cher, soit un impact considérable de la qualité du contexte scolaire sur le prix des logements. Deux économistes britanniques[12] ont récemment répété l'exercice en utilisant des données anglaises. Ils examinent eux aussi les différences de prix du logement de part et d'autre des lignes de démarcation des districts scolaires (*Local Education Authorities boundaries*) et constatent des variations tout aussi importantes que celles identifiées par Sandra Black à Boston. Les familles anglaises se livrent une compétition féroce pour les écoles primaires ayant les meilleurs résultats et le prix des logements s'en ressent très fortement. Pour augmenter de 10 % le niveau moyen

---

11. Sandra Black, "Do better schools matter?", *Quarterly Journal of Economics*, 114 (2), 1999.

12. Steve Gibbons et Stephen Machin, "Valuing primary schools", *Journal of Urban Economics*, 53 (2), 2003.

de réussite aux examens des camarades d'école de son enfant, il faut être prêt à déménager vers un logement similaire, mais 9 % plus cher. Au total, il est en soi à peu près aussi coûteux de venir loger près des écoles primaires publiques les plus performantes que de scolariser son enfant dans les meilleures écoles primaires privées (soit, pour une scolarité primaire complète, un coût actualisé d'environ 60 000 € pour Londres et ses environs, ce que ne peut se permettre qu'une toute petite minorité de Britanniques).

Comme il y a tout lieu de penser que la compétition scolaire à l'école primaire est aussi forte sinon plus forte encore en France qu'aux États-Unis ou en Grande-Bretagne (la sélection étant plutôt plus précoce en France), ces différentes évaluations donnent sans doute une bonne idée de l'impact de l'environnement scolaire sur le prix des logements en France[13].

La compétition entre familles pour accéder, puis se maintenir dans les voisinages où résident les élèves les plus performants à l'école n'est sans doute que l'une des causes de la course à l'*entre-soi* dont les données statistiques révèlent l'intensité. C'est la morphologie sociale d'un quartier dans toutes ses dimensions qui est une ressource pour ses habitants, ressource pour laquelle ils sont prêts à payer, et même à payer cher. Sauf à bien déchiffrer et comprendre ces différentes dimensions, on restera impuissant à bien saisir les ressorts de la ségrégation territoriale et de sa persistance.

Dans une étude récente, l'urbaniste Olivier Morlet[14] confirme l'existence d'une corrélation extrêmement forte entre le revenu par habitant dans les communes de la région parisienne, et le prix auquel se négocient des logements de qualité similaire. Il conclut au caractère prépondérant de la composition sociale du voi-

13. De telles évaluations sont théoriquement possibles en France, mais n'ont – à ma connaissance – jamais été entreprises. De façon générale, les questions d'économie de l'éducation sont encore largement sous-explorées en France.

14. Olivier Morlet, « Marché du logement et ségrégation spatiale en région parisienne », *Études foncières*, n° 85, 1999-2000.

sinage dans l'appréciation portée par les familles sur les logements, sans pouvoir toutefois séparer ce qui relève de la qualité des écoles ou d'autres aspects de l'environnement social.

Ce n'est pas l'immobilisme, mais la sélectivité des mobilités qui fige nos ghettos. Si la morphologie sociale des quartiers évolue parfois, c'est essentiellement du fait de départs non compensés, c'est-à-dire typiquement du fait de mécanismes d'abandon. Un quartier peut ainsi parfois progresser dans la hiérarchie des richesses quand la municipalité parvient à rendre les logements et la vie suffisamment chers, pour que seuls les ménages les plus aisés aient les moyens de s'installer et de remplacer les ménages sur le départ. Parfois au contraire, un quartier décline quand il ne peut plus attirer de ménages aisés pour remplacer les partants les plus riches. Ces mécanismes d'évitement sont typiquement ceux qui se déclenchent dans le sillage d'un classement en zone d'éducation prioritaire (ZEP), les classes moyennes fuyant alors progressivement le quartier ainsi stigmatisé.

Stratégies d'évitements

On a pu montrer récemment que la proportion d'élèves issus des classes moyennes et supérieures de la société n'est pas nécessairement très faible au moment du classement d'un établissement en ZEP (ce qui, au passage, pose la question de la transparence des procédures de classement et de la qualité du ciblage de cette politique), mais qu'elle tend ensuite à diminuer au fil du temps[15]. Cette fragilisation progressive du contexte social propre aux ZEP peut être la conséquence soit d'une *fuite* des classes moyennes et supé-

15. Sur ce point, voir Roland Bénabou, Francis Kramarz et Corine Prost, « Zones d'éducation prioritaires : quels moyens pour quels résultats ? », document de travail du CREST, 2003.

rieures après le classement en ZEP, soit d'un *évitement* de ce secteur par ces mêmes classes (elles ne viennent plus s'y installer pour remplacer les partants). En fait, comme les classes moyennes et supérieures ne quittent les ZEP ni plus ni moins souvent que les classes modestes, une conclusion s'impose : c'est bel et bien un mécanisme d'*évitement* qui prédomine ici et non un mécanisme de *fuite*.

Pour comprendre le problème posé par la ségrégation urbaine, il faut bien avoir en tête qu'elle n'est pas la conséquence d'une inertie sociale, mais le résultat de processus de mobilité stratégiques par lesquels les classes sociales se fuient sourdement. Résoudre les problèmes posés par la ségrégation demande de comprendre, puis de changer les logiques sociales qui sous-tendent cette mobilité.

La persistance dans le temps des inégalités territoriales donne l'impression d'un espace résidentiel sclérosé et figé. La permanence des contrastes urbains entretient l'illusion selon laquelle la ségrégation territoriale est une donnée extérieure et immuable qui s'impose aux familles et qu'un peu de volontarisme politique suffirait à dissiper. De cette illusion découlent les politiques menées depuis plusieurs décennies visant à détruire et disperser les lieux d'habitation où se concentrent les pauvres et les immigrés. Ces politiques échouent parce que leurs prémisses sont fausses : la ségrégation n'est pas l'affaire de quelques marges de la société, mais le résultat de tensions qui la traversent de part en part, sans cesse renouvelées et alimentées par la recherche par chacun du contexte résidentiel jugé le plus propice à son épanouissement et à celui de ses proches. Tant que ne sont pas comprises ni traitées les causes profondes de cette recherche universelle, détruire et reconstruire les immeubles où se massent les plus pauvres continueront à engendrer le ressentiment des familles concernées (ainsi que de celles auprès desquelles on cherche à les imposer) sans rien changer au problème.

Les inégalités d'environnement social

Comment s'expliquer cette recherche éperdue et généralisée de l'entre-soi ? Comment s'expliquer que, loin d'affecter uniquement le bas de la société, les dynamiques de ségrégation territoriale la traversent de part en part ? Une interprétation paresseuse pourrait mettre l'accent sur les problèmes d'insécurité : les quartiers pauvres sont ceux où se concentre la violence et c'est pourquoi ils seraient universellement fuis[16]. Il n'est pas question de nier la réalité des problèmes d'insécurité et la capillarité des peurs qu'ils inspirent. Mais il est difficile d'en faire l'alpha et l'oméga des fractures territoriales. Si l'on met de côté quelques quartiers particulièrement défavorisés, les disparités d'exposition au vandalisme sont très faibles et ce n'est pas ce type de facteur qui peut expliquer le fait que partout ailleurs sur le territoire les familles aisées fuient les familles de classes moyennes supérieures et les familles de classes moyennes supérieures fuient les classes moyennes inférieures.

De même, il semble difficile d'expliquer la concurrence pour le lieu de résidence comme une concurrence pour la proximité des meilleurs équipements. De façon générale, on n'observe guère de lien entre le profil sociologique des résidents d'un quartier et le niveau de ses équipements culturels, ou le nombre de crèches et d'hôpitaux. Certains équipements, comme les équipements cultu-

16. Les quartiers où se concentrent les personnes les plus pauvres sont indiscutablement ceux où la violence, les nuisances et les problèmes de voisinages sont les plus fréquents. Selon une récente enquête de l'INSEE, les habitants des zones urbaines sensibles (ZUS) sont par exemple bien plus exposés aux nuisances sonores ou au vandalisme que les autres. Près de la moitié des habitants des ZUS déclarent que des actes de vandalisme se produisent souvent dans leur voisinage, contre une toute petite minorité (13 %) hors ZUS, soit une inégalité considérable devant la sécurité. Environ 37 % des personnes habitant une cité ou un grand ensemble déclarent être souvent gênées par le bruit, contre environ 25 % des habitants hors ZUS. La source de bruit la plus souvent citée est le voisinage et non les transports.

rels, sont même plutôt plus nombreux dans les communes populaires que dans les autres communes. La recherche de l'*entre-soi* semble difficile à confondre avec celle des meilleures infrastructures.

Si l'enjeu du lieu de résidence se résumait au calme ou aux infrastructures, on ne constaterait pas ce mouvement de déchirement généralisé qui semble donner sa forme à l'ensemble de la société. Les efforts de rénovation des logements ou de police de proximité sont sans aucun doute nécessaires, urgents même, notamment dans les quelques quartiers les plus dégradés, mais on ne désamorcera pas les processus de séparation territoriale en augmentant le nombre d'îlotiers ou en réhabilitant plus fréquemment les logements sociaux. La qualité de l'environnement social ne se résume pas au calme, à la sécurité ni à la proximité des équipements. L'enjeu du lieu de résidence va aujourd'hui bien au-delà de ces considérations.

En conditionnant le profil des personnes avec lesquelles chacun interagit, le lieu de résidence détermine en effet un aspect beaucoup plus fondamental de notre rapport à la société. Avec la dislocation du marché du travail, l'emploi et les relations d'emploi ont perdu de leur portée intégratrice tandis que le quartier redevenait pour beaucoup, par défaut, l'un des principaux vecteurs de socialisation. Le lieu de résidence représente sans doute un enjeu plus grand encore pour les enfants et les adolescents que pour les adultes. Il conditionne les interactions auxquelles ils ont accès à un moment décisif de leur développement et détermine en partie leur avenir. De ce point de vue, le fait que pauvres et riches n'habitent pas du tout les mêmes quartiers représente une source d'inégalités considérables entre les enfants des différents milieux sociaux. Certains grandissent et interagissent au sein de voisinages où le chômage, la pauvreté et les difficultés d'intégration culturelle sont la norme, d'autres au sein de voisinages où ces problèmes sont inexistants. Autrement dit, le drame de la ségrégation territoriale, c'est qu'en conditionnant l'environnement social de chacun, elle pèse aussi de tout son poids sur le destin de chacun.

Ces inégalités devant l'environnement social se cumulent en outre avec les inégalités plus proprement familiales, et c'est aussi ce qui les rend particulièrement décisives. Les enfants grandissant dans les familles défavorisées sont ceux dont les voisins souffrent le plus de la pauvreté et du chômage. Ils cumulent les désavantages d'un manque de ressources familiales et d'un voisinage déshérité. Inversement, les enfants bénéficiant d'un entourage familial *a priori* parmi les mieux intégrés culturellement sont également ceux qui bénéficient des voisinages globalement les moins exposés aux problèmes d'intégration.

À la différence des inégalités devant la sécurité, les inégalités devant le contexte de socialisation se déclinent réellement sur tout le territoire. Du point de vue des interactions sociales, le territoire ne se laisse pas décrire en noir et blanc, avec, d'un côté, des ghettos où les interactions seraient délétères et, de l'autre, des enclaves où elles seraient vertueuses. Le dégradé passe par toutes les nuances du gris, et l'enjeu pour chacun semble bel et bien le passage d'une nuance à l'autre.

L'enfermement social des enfants

Rien n'illustre mieux les inégalités de contexte entre enfants que la comparaison des voisinages dans lesquels sont immergés ceux dont les parents ont réussi des études supérieures, et les autres. Les adolescents dont l'un des parents est diplômé du supérieur vivent dans des quartiers où la proportion d'adultes diplômés du supérieur est en moyenne de 3,5 à 4 fois plus forte que celle des quartiers où grandissent les adolescents n'ayant pas de diplômé du supérieur dans leur famille (voir tableau 3 en annexes p. 93). La proportion de voisins diplômés du supérieur est de plus de 20 % pour les enfants dont les parents sont diplômés du supérieur, et elle est résiduelle chez ceux dont les parents n'ont pas ce niveau de diplôme. Pour avoir une chance non nulle d'interagir avec des familles ayant réussi dans le supérieur, il faut être déjà soi-même enfant d'adultes ayant réussi dans le supérieur. Les enfants dont les parents ont fait des études courtes n'ont quasi aucune chance d'interagir avec des enfants ou des adultes ayant dans leur famille l'expérience d'une scolarité longue. Il est donc fort peu probable qu'ils soient informés de l'intérieur sur ce type de destin scolaire et de le faire entrer dans le champ de leurs possibles.

Interagir avec des enfants ayant, dans leur famille, une expérience réussie dans le système scolaire est le privilège de ceux ayant déjà cette expérience au sein de leur famille. À l'opposé, interagir avec des enfants n'ayant aucune expérience de la société française tout court est le lot de ceux dont la famille connaît déjà le moins bien cette société. Les adolescents dont l'un des parents est étranger vivent en moyenne entourés d'un voisinage où le pourcentage de personnes étrangères est 4 à 5 fois plus élevé que celui des adolescents dont le père est français. Le rapport des proportions est tout aussi important quand on compare les voisins des enfants d'immigrés (parents nés à l'étranger) et ceux des enfants de parents nés en France. La proportion de voisins issus de l'immigration est de près de 25 % pour les enfants dont les parents sont nés à l'étranger, elle est en moyenne tout à fait résiduelle chez ceux dont les parents sont français.

Le fait que certains enfants cumulent des facteurs d'échec tandis que d'autres cumulent des facteurs de réussite n'est pas une surprise. Ce qui en revanche n'avait jamais été quantifié et représente une nouveauté, c'est l'amplitude de ces inégalités. Les enfants des familles pauvres immigrées grandissent dans des quartiers où la pauvreté et l'immigration sont massives, tandis que les enfants de familles riches vivent dans des quartiers où les risques d'exclusion sociale sont inexistants. Ce cumul de désavantages d'un côté et d'atouts de l'autre prend en France des proportions particulièrement aiguës, tout à fait comparables à ce que l'on observe aux États-Unis.

Utilisant le recensement américain, G. Borjas montre[17] par exemple qu'un immigré de la première génération vit aux États-Unis dans un voisinage où la proportion d'immigrés de la première génération est de 15,3 %, soit « seulement » 2,5 fois plus que le taux moyen d'immigrés de la première génération dans la population américaine (5,7 %). L'amplitude du dégradé entre les quartiers où les immigrés sont les plus nombreux et ceux où ils le sont le moins est ainsi près de deux fois plus importante en France qu'aux États-Unis. Il faut prendre cet ordre de grandeur avec précaution, les comparaisons entre sources statistiques différentes étant toujours délicates. En première analyse, il semble toutefois que les indicateurs de ségrégation français souffrent tout à fait la comparaison avec les Américains. Contrairement à une idée reçue, les formes extrêmes de ségrégation spatiale ne sont peut-être pas, ou plus, une spécificité américaine[18].

Elles sont en outre tout aussi massives aujourd'hui qu'il y a dix ou quinze ans. Aujourd'hui comme au début des années 1990, les enfants de chômeurs ou d'immigrés vivent dans des voisinages où le taux de chômage ou le taux d'immigrés sont quatre fois plus élevés que dans les quartiers où résident les autres enfants. Les inégalités de contexte entre enfants restent complètement insensibles aux efforts réalisés dans le cadre de la politique de la ville.

---

17. Georges J. Borjas, "Ethnicity, Neighborhoods, and Human-Capital Externalities", *The American Economic Review*, vol. 85, n° 3, 1995.

18. Certains auteurs ont toutefois depuis longtemps établi le parallèle entre les quartiers défavorisés français et américains. Voir par exemple, François Dubet et Didier Lapeyronnie, *les Quartiers d'exil*, Paris, Le Seuil, 1992, et Loïc Wacquant, « Banlieues françaises et ghetto noir américain. Éléments de comparaison sociologique », *in* Michel Wieviorka, *Racisme et modernité*, Paris, La Découverte, 1992, p. 263-277.

Grandir entre pairs

La conséquence majeure de ces phénomènes est que les enfants de familles pauvres ou exposées aux problèmes d'intégration sont condamnés à interagir avec un voisinage où l'échec scolaire est la règle, tandis que les enfants de familles aisées grandissent dans des voisinages où l'échec scolaire n'existe presque pas. L'échec est en effet par construction beaucoup plus répandu dans les voisinages défavorisés. Les adolescents dont l'un des parents au moins est diplômé du supérieur vivent en moyenne dans des voisinages où le taux de retard à 15 ans est d'environ 13 %. À l'opposé les adolescents dont l'un des proches est sans diplôme vivent dans des voisinages où le taux de retard à 15 ans est plus de quatre fois plus élevé (56 %).

De telles inégalités dans la qualité des scolarités obligatoires génèrent inévitablement des différences considérables dans les rapports entretenus avec l'institution scolaire. À l'entrée dans l'âge adulte, les enfants des diplômés du supérieur résident dans des quartiers où l'immense majorité des jeunes de leur âge poursuivent des études supérieures, tandis que les enfants des personnes sans diplôme vivent dans des contextes où la plupart des jeunes de leur âge sont déjà sur le marché du travail.

On conçoit l'importance tout à fait décisive de l'environnement social, notamment au collège, au cours de l'adolescence, lorsque chacun essaie de trouver ses repères en dehors de la sphère familiale, auprès de ses pairs. Comment un adolescent peut-il assumer une attitude positive vis-à-vis de l'école quand ses camarades potentiels – dont il a par ailleurs tant besoin pour s'émanciper – sont en échec et conditionnés à adopter une attitude de défiance vis-à-vis de l'école ? La question se pose avec une acuité plus particulière pour les adolescents de milieux modestes, lesquels ont beaucoup moins les moyens et l'opportunité que les autres de s'évader de leur voisinage immédiat et d'échapper à son contrôle.

Le voisinage immédiat, l'immeuble où l'on habite, représentent des éléments de socialisation tout à fait centraux, notamment pour les jeunes des classes populaires et, plus généralement, pour tous ceux qui n'ont guère les moyens de se donner d'autres terrains de socialisation. L'influence du lieu de résidence ne se limite pas aux interactions extra-scolaires ayant lieu dans ces abords immédiats. Les enfants sont dans leur majorité scolarisés dans un établissement de leur quartier et la composition sociale de leur école et de leur classe est quasi mécaniquement à l'image de celle de leur quartier. Il en résulte des inégalités devant la composition sociale des écoles fréquentées tout aussi considérables que devant la composition sociale du voisinage de résidence. La proportion d'enfants de classe modeste (ouvriers ou chômeurs) varie ainsi de 1 à 3 entre les 10 % de collèges les moins populaires et les 10 % de collèges les plus populaires : ils représentent 20 % des effectifs dans le premier cas, et 70 % dans le second. De même dans les 10 % de collèges les plus populaires, 1 élève sur 6 environ (soir 4 à 5 par classe) est très en retard (au moins deux ans de retard) alors que cette proportion est résiduelle (inférieure à 1 %) dans les 10 % de collèges les plus bourgeois[19].

Cette ségrégation entre établissements de quartiers différents se double pour finir de phénomènes de ségrégation *au sein* même des établissements. Pour garder leurs quelques élèves de bon niveau et éviter qu'ils ne fuient vers le privé (ou ne contournent la carte scolaire), les établissements défavorisés sont bien souvent obligés de regrouper leurs meilleurs éléments dans des classes protégées. Pour se prémunir des effets de la ségrégation territoriale, les établissements lui ajoutent une ségrégation plus proprement scolaire, créant ainsi des élèves *doublement* relégués, peuplant les classes de relégation au sein des quartiers de relégation.

---

19. Voir par exemple Marie Duru-Bellat, « Les effets de la ségrégation sociale de l'environnement scolaire : l'éclairage de la recherche », Contribution au débat national sur l'école (commission Thélot), 2004.

Que la ségrégation dont les jeunes font l'expérience en France atteigne des niveaux dignes des pays les plus ségrégationnistes, est en soi très éclairant pour qui cherche à comprendre les sources du malaise politique et social français. La société française n'est pas devenue un vaste marais d'individus équivalents les uns aux autres dont le seul problème serait une lointaine périphérie d'exclus. Elle n'est pas non plus restée le lieu d'un affrontement bloc contre bloc, au sein des entreprises, entre les grandes classes sociales de l'après-guerre. Les clivages existent toujours, mais ils sont plus nombreux et plus diffus. Surtout ils s'inscrivent ailleurs que dans l'entreprise, et notamment sur le territoire.

Identifier les clivages d'une société est évidemment un préalable essentiel pour quiconque aspire à la représenter. Au-delà, se pose la question du projet de réforme et de transformation sociale cohérent avec cette représentation. Comment définir le progrès social dans une société aussi fragmentée et intérieurement déchirée que la nôtre ?

Pour répondre à cette question, il faut savoir si ces phénomènes de ségrégation ont en eux-mêmes un effet propre, durable, sur la distribution des destins scolaires et sociaux entre les enfants et, partant, sur la cohésion de la société. Il est clairement plus difficile d'adopter une attitude positive vis-à-vis de la société dans un contexte où tout le monde échoue, que dans un contexte où tout le monde réussit. Reste toutefois à quantifier cette influence du milieu avec lequel chacun est tenu d'interagir. Sauf à le faire précisément, on ne pourra progresser ni dans la compréhension des causes profondes de la ségrégation (a-t-elle oui ou non pour fondement objectif le fait que le contexte social détermine nos destins et celui de nos proches ?) ni dans la redéfinition de ce que pourraient être le progrès social et les politiques susceptibles de le soutenir.

CHAPITRE II

Ségrégation et destins individuels

La ségrégation territoriale enferme les individus dans un dégradé de contextes hermétiques. Pour s'expliquer cette situation, il faut tenter de donner un contenu plus précis aux interactions de voisinage et aux effets de contexte par lesquels et pour lesquels semble s'organiser la lutte pour le territoire. Car, de deux choses l'une : ou bien ces interactions ont peu d'effets réels et la lutte sociale repose alors le plus souvent sur des malentendus ; ou bien ces interactions sont effectivement capitales pour le destin des individus et, d'une certaine manière, on aura raison de se battre pour elles tant que les politiques sociales n'y auront rien changé. Ce sont ces questions que je me propose d'examiner à présent.

La mixité en question

La mixité sociale représente une valeur et un objectif à peu près unanimement partagés, en tout cas parmi les politiques et les intellectuels. Pour autant, les comportements résidentiels – y compris et surtout ceux des élites du pays – sont en opposition avec cet objectif. Comment comprendre ce divorce entre nos aspirations et nos pratiques ? Comment réconcilier nos choix avec des principes auxquels nous croyons, je pense, avec sincérité ? Je ne vois pas d'autres chemins pour dépasser nos contradictions que d'essayer de donner un contenu le plus précis possible à ce terme de mixité. Quelles seraient les conséquences pratiques d'une plus grande mixité ? De quel point de vue et, surtout, selon quelles modalités un supplément de mixité est-il réellement souhaitable ?

À l'examen, ces questions révèlent toute leur complexité. Pour fixer les idées, imaginons une société peuplée pour moitié de familles pauvres et pour moitié de familles riches. Supposons que le quartier de résidence n'a en lui-même aucun effet sur les destins individuels et que seule compte pour les enfants la richesse (ou la pauvreté) de leurs parents. Dans ce cas, les seules politiques pertinentes sont des politiques d'aides aux familles défavorisées et il n'y a, par construction, aucun effet à attendre d'une politique de mixité sociale dans les quartiers, en tout cas pas sur l'échec scolaire. Lorsque le quartier et l'environnement social n'ont pas d'effets sur les destins, la mixité ne représente pas un enjeu réellement décisif. C'est bien l'existence ou l'absence d'effets de contexte qui détermine la plus ou moins grande importance de la mixité pour l'avenir d'une société.

Supposons maintenant que le quartier dans lequel on grandit a également son importance propre. Premier cas envisageable, seuls les enfants des classes aisées sont influencés par le quartier dans lequel ils grandissent. Adoptons même une hypothèse un peu extrême : les enfants des classes modestes échouent systématiquement (*i. e.*, quel que soit leur quartier), tandis que ceux des classes aisées ne réussissent que dans la mesure où ils sont dans un quartier majoritairement peuplé de familles aisées[20]. Dès l'instant où on les immerge dans un quartier déshérité, ils en subissent l'in-

20. Peut-être est-ce aujourd'hui le modèle pertinent pour comprendre l'accès aux grandes écoles. Les enfants des classes modestes n'y accèdent jamais et seule la fraction doublement favorisée des élèves favorisés y accède dans des proportions significatives (*i. e.*, favorisée à la fois du point de vue du milieu familial et du point de vue du voisinage social).

fluence et échouent également. Dans cette hypothèse, la mixité sociale doit être évitée puisqu'elle entraîne l'échec d'une partie des enfants de familles aisées sans jamais favoriser la réussite des autres. L'espoir ne peut venir que de l'amélioration des conditions d'existence des familles pauvres et de leur progressive migration vers les quartiers aisés.

Le second type envisageable est le symétrique du précédent : seuls les enfants des classes modestes sont réellement influencés par le quartier dans lequel ils grandissent. Les enfants des classes supérieures réussissent systématiquement, dans n'importe quel contexte, tandis que les enfants de classes modestes n'évitent l'échec que dans la mesure où ils grandissent et inter-agissent dans un quartier majoritairement peuplé de familles aisées. En d'autres termes, ce n'est que dans la mesure où ils sont entourés d'une majorité d'enfants en réussite que les enfants pauvres peuvent surmonter l'influence de leur environnement familial et réussir à l'école. Dans cette hypothèse, la mixité sociale doit être recherchée puisqu'elle peut favoriser la réussite d'un nombre important d'enfants d'origines modestes sans jamais nuire à la réussite des enfants favorisés par la naissance. Toute politique sociale permettant à cette société de passer du régime de ségrégation à celui de mixité sociale améliore simultanément le niveau général de réussite et l'égalité devant la réussite, c'est-à-dire cumule justice et efficacité.

Il va de soi que la réalité se situe quelque part entre ces différentes situations théoriques. Mais nous n'avons aucune idée précise de l'endroit exact où il faudrait placer le curseur, ni donc du type de société vers lequel il faudrait essayer de progresser. Les efforts déployés par les familles aisées pour se protéger du voisinage des classes moyennes et modestes démontrent que le contexte revêt pour ces familles une importance considérable. Mais cette perception repose-t-elle sur une analyse objective de la situation ou bien ne s'agit-il que de fantasmes ? S'il ne s'agit que de fantasmes alors la mixité sociale n'est pas vraiment la condition d'une bonne politique d'éducation et d'intégration, et son principe devient difficile à défendre. Si au contraire les familles sont objectivement fondées à préférer certains voisinages, alors sans doute certaines formes de mixité seront souhaitables, le problème devenant d'identifier lesquelles, puis de les atteindre sans les imposer, en en faisant intégrer les avantages indirects aux familles concernées.

Cette question est évidemment très complexe. Dans leurs choix privés pour le logement ou l'éducation des enfants, les familles prennent en compte l'influence que les autres familles du voisinage peuvent exercer sur leurs enfants, mais pas l'influence qu'elles exercent elles-mêmes en retour sur les enfants de ces autres familles. Quel parent dont les enfants réussissent accepterait de les placer volontairement dans un établissement difficile pour la seule raison que cela serait susceptible de tirer vers le haut les enfants de cet établissement ? C'est la raison fondamentale pour laquelle il n'est bien souvent pas possible d'atteindre spontanément (*i. e.*, sans coordination collective) ce qui constituerait pourtant d'un point de vue social une forme d'optimum (inégalités faibles, réussite globale forte). Pour reprendre un de nos exemples canoniques, imaginons de nouveau un monde où les enfants pauvres bénéficient beaucoup du voisinage des enfants riches sans vraiment leur nuire en retour. Une société mixte a alors clairement toute chance d'être bien supérieure à une société de ségrégation, tant du point de vue des inégalités que du point de vue des résultats globaux. Mais la société en question peut néanmoins rester piégée dans une situation de forte ségrégation puisque les riches n'ont aucune incitation privée à aller habiter au milieu des pauvres.

Comment faire passer cette société imaginaire – qui a tous les traits de la nôtre – de son régime de ségrégation à un régime de mixité ? La réponse à cette question passe, je pense, par un effort de compréhension et de mesure des effets de contexte qui semblent au principe des tensions ségrégationnistes enfouies en chacun de nous.

Bonheurs et malédictions du voisinage

En dépit des enjeux politiques que nous venons de passer en revue, la mesure des effets de contexte sur les destins individuels n'a été entreprise que très récemment en France, et l'on ne dispose encore que de résultats très partiels[21]. La raison principale en est, je crois, scientifique. Il est très difficile d'obtenir des données précises portant simultanément sur les destins des individus et sur ceux des personnes vivant dans leur voisinage immédiat. Il est encore plus difficile de construire des protocoles convaincants pour mesurer l'effet causal des destins observés dans le voisinage sur le destin individuel de chacun. Les difficultés conceptuelles n'ont en fait été comprises en profondeur que récemment, dans le sillage des travaux de Charles Manski[22] notamment.

Pour commencer, on sait encore peu de choses sur ce qui constitue le niveau pertinent pour définir le voisinage social d'une personne ou d'un enfant. Par qui est-on réellement influencé et dans quel domaine ? Comment notre groupe de référence évolue-t-il avec nous, au fur et à mesure que nous avançons dans la vie ? C'est une question très importante, encore largement ouverte, même si les études disponibles suggèrent que l'on est finalement influencé par peu de personnes et qu'elles se situent surtout dans notre voisinage le plus immédiat. Les travaux mettant en évidence les effets de contexte les plus forts sont en règle générale ceux qui parviennent à définir le plus précisément possible l'environnement immédiat de chacun. En second lieu, il est extrêmement difficile d'avoir une mesure directe de la fréquence, de la qualité et des

---

21. Voir M. Duru-Bellat, « Les effets de la ségrégation sociale de l'environnement scolaire : l'éclairage de la recherche », art. cité.

22. Voir par exemple Charles Manski, "The Reflection Effect", *Review of Economic Studies*, n° 60 (3), 1993, ou plus récemment Robert Moffitt, "Policy Interventions, Low-level Equilibria and Social Interactions", *in* Steve Durlauf et Peyton Young, *Social Dynamics*, MIT Press, 2001.

conséquences des interactions entre une personne et son voisinage social. Il faut en règle générale se contenter d'informations sur la morphologie sociale du quartier ou du voisinage : proportion de voisins (ou de camarades d'école) issus de l'immigration, proportion de voisins sans diplôme… Fort de cette information, la question est alors d'identifier si ces proportions influent ou non sur le destin scolaire et social des personnes.

Si chaque famille se voyait imposer ses voisins de façon aléatoire (comme dans une expérience de laboratoire), cette dernière question ne poserait aucun problème particulier. Il suffirait par exemple de comparer le destin des enfants que le hasard a placés dans un quartier défavorisé, avec celui des enfants que le hasard a placés dans un quartier favorisé, pour évaluer l'effet respectif de chacune de ces situations. Le problème est bien entendu que les familles ne se répartissent pas au hasard. Les quelques familles de classe moyenne habitant les quartiers chics ne sont ainsi sans doute pas très représentatives de l'ensemble des classes moyennes. Il y a fort à parier qu'elles sont celles qu'animent les plus fortes ambitions scolaires. Aussi est-il hasardeux d'interpréter la meilleure réussite scolaire de leurs enfants comme le simple effet du contexte dans lequel elles ont réussi à les placer : il peut tout aussi bien s'agir de l'effet de l'ambition particulière qui les anime. À l'extrême, c'est leur attitude particulièrement ambitieuse et offensive qui explique tout à la fois leur présence dans des quartiers chics *et* la réussite de leurs enfants. Dans cette hypothèse, il n'y a en réalité aucune relation de cause à effet entre le contexte et la réussite scolaire[23], et peut-être finalement rien à attendre d'un supplément de mixité sociale.

23. Inversement, on peut imaginer que les familles de classe moyenne habitant les quartiers chics sont en réalité reléguées dans les logements les plus problématiques de ces quartiers et que – dès lors que l'on serait capable de tenir compte de la qualité du logement – on serait amené à réviser à la hausse l'effet réel du contexte social sur la scolarité.

Les données de l'enquête Emploi illustrent ces difficultés de façon saisissante. Elles permettent de comparer les performances scolaires des enfants des familles qui *s'installent* dans les quartiers avec les performances des enfants des familles *déjà installées*. Le verdict, on l'a vu, est celui d'une implacable similitude : les quartiers où s'installent les familles des enfants en échec scolaire sont les quartiers où les enfants sont majoritairement en échec, et inversement, les quartiers où s'installent les familles d'enfants en réussite sont les quartiers où la réussite prévaut. Dans les quartiers où le taux de retard au collège est supérieur à 50 %, le taux de retard des collégiens arrivant dans le voisinage est également très important (supérieur à 50 %). À l'inverse, dans les quartiers où le taux de retard est faible (inférieur à 20 %), le taux de retard des arrivants est également très faible. Dans ces conditions, il est hasardeux d'interpréter les différentiels d'échec (ou de réussite) entre quartiers comme le résultat de l'influence qu'exercent les unes sur les autres les familles habitant les unes dans le voisinage des autres. Pour une partie, potentiellement importante, ces différentiels prévalaient en effet avant même que les familles ne se soient installées.

Face à ce problème, l'idéal serait de disposer d'études expérimentales dans lesquelles on donnerait l'opportunité à des familles choisies au hasard de changer de résidence et de rejoindre un voisinage différent. Dans ce protocole imaginaire, les changements d'attitude et de comportement seraient un bon indicateur de l'effet causal des changements de voisinage. De tels protocoles sont difficiles à concevoir dans la tradition française laquelle répugne à faire des personnes des objets d'expérimentation sociale, mais ont déjà été plus ou moins mis en place aux États-Unis. Depuis l'automne 1994, un programme expérimental[24] est ainsi en cours dans cinq grandes villes américaines – Baltimore, Boston, Chicago, Los Angeles, New York – en direction des familles habitant les quar-

24. Le programme *Moving to Opportunity* (MTO).

tiers où le taux de pauvreté est supérieur à 40 %. Un tirage au sort est effectué parmi les familles volontaires, à l'issue duquel les élues se voient attribuer un chèque-logement (environ 700 dollars par mois) susceptible d'être utilisé pour payer un loyer, à condition que le logement se situe dans le secteur privé d'un quartier où le taux de pauvreté est faible (inférieur à 10 %). Les familles tirées au sort bénéficient également d'un soutien gratuit pour les aider à trouver un nouvel appartement. Un an après le début de l'expérience, les premières évaluations de ce dispositif révèlent que la possibilité d'aller vivre dans de meilleurs quartiers améliore la santé des enfants ainsi que leur comportement : la fréquence des visites chez le médecin pour des blessures ou des crises d'asthme est significativement moindre chez les familles pauvres tirées au sort que chez les autres familles pauvres, de même que les problèmes de discipline à l'école ou à la maison, surtout chez les garçons. Ces améliorations s'expliquent par le changement de voisinage auquel le chèque-logement donne accès : la moitié des familles tirées au sort ont déjà déménagé au moment de l'évaluation, et la très grande majorité l'ont fait pour des quartiers moins pauvres, où les enfants ont de meilleurs résultats scolaires et où la violence est significativement moins présente. Ces résultats sont également cohérents avec la littérature médicale, qui a établi depuis assez longtemps une corrélation entre les troubles du comportement chez l'enfant (dépression et/ou manifestations d'agressivité) et le type de voisinage dans lequel il grandit.

Les expérimentations du chèque-logement permettent d'illustrer l'importance des interactions nouées quotidiennement, par chacun, dans son quartier de résidence. Les programmes aidant les familles des quartiers pauvres à envoyer leurs enfants dans les écoles des quartiers riches (sans nécessairement déménager) mettent plus spécifiquement en lumière l'importance de la composition sociale des classes et des écoles fréquentées pour le destin scolaire de chaque enfant.

Les politiques aidant au dépaysement social des écoliers des quartiers pauvres ont une histoire longue et controversée aux États-Unis. Curieusement, on sait encore peu de choses sur l'effet réel de ces politiques sur le destin des bénéficiaires. Évaluant un récent programme expérimental, deux chercheurs américains[25] constatent toutefois que les enfants pauvres bénéficiant d'une aide pour fréquenter des écoles de quartiers riches ont des résultats d'autant meilleurs qu'ils bénéficient du programme depuis longtemps. Cette amélioration des performances relatives des enfants pauvres bénéficiaires suggère que le programme d'aide a bel et bien, à la longue, un effet positif. Dans cette même étude, les deux chercheurs révèlent que les performances scolaires des enfants des quartiers chics *accueillant* les écoliers défavorisés sont en grande partie inchangées, en dépit de l'augmentation significative de la proportion d'élèves défavorisés dans les classes et les écoles ayant accepté de jouer le jeu (dans l'étude en question, cette proportion passe de 7 % à 12 %). En d'autres termes, le dépaysement scolaire semble avoir un impact positif sur les enfants pauvres qui en bénéficient, sans pour autant altérer les performances des écoliers des quartiers favorisés qui les accueillent. La composition sociale des classes et des écoles apparaît ainsi bel et bien comme l'un des aspects du contexte social affectant le destin des enfants. Conformément à l'intuition, les enfants semblent d'autant plus exposés à l'influence de leurs camarades que leur famille est démunie de ressources propres.

Outre le faible nombre d'observations (environ 500 pour le programme *Moving to Opportunity*), la principale limite de ce type d'expérience est de reposer sur le volontariat. Seules les familles volontaires des quartiers défavorisés – mais est-il imaginable de procéder autrement ? – peuvent bénéficier des politiques de déségrégation, et seules les écoles volontaires des quartiers favorisés sont susceptibles de les accueillir. Il est plausible que les bénéficiai-

---

25. J. Angrist et K. Lang, "How Important are Classroom Peer Effects? Evidence from Boston's METCO Program", NBER, Working Paper 9253, 2002.

res appartiennent aux familles les plus motivées, de même que les écoles et les quartiers accueillant les enfants bénéficiaires sont plutôt ceux où les militants pour les droits civils sont les plus actifs. Du coup, ces politiques n'auraient peut-être pas le même effet si elles étaient généralisées à l'ensemble de la population. De même, le tirage au sort des bénéficiaires du chèque-logement s'effectue au sein d'un ensemble de familles volontaires pour le déménagement, dont on peut imaginer qu'il n'est pas tout à fait représentatif de l'ensemble des familles des quartiers défavorisés. Les auteurs de l'évaluation constatent d'ailleurs une surreprésentation des familles monoparentales noires ou hispaniques, sans doute les plus fragiles et les plus démunies face à l'influence du quartier sur les enfants. On ne peut pas exclure que les résultats de l'expérience seraient différents pour d'autres types de familles.

De façon plus générale, il est difficile d'interpréter les résultats de cette enquête en dehors du contexte très particulier des ghettos de « minorités » tels qu'en abritent les villes américaines.

Destins convergents

Dans une étude encore inédite menée en collaboration avec Dominique Goux, nous avons essayé de construire une mesure de l'effet des interactions sociales dans le cadre français[26]. Nous avons pris pour point de départ la ressemblance entre les performances des enfants *arrivant dans* un quartier et celles des enfants *déjà présents*. Quelles sont les causes de cette ressemblance ? Nous avons découvert qu'elle est due pour l'essentiel à la similitude des ressources culturelles des parents, telles que peuvent les mesurer le niveau de diplôme et la nationalité. Si la situation scolaire des enfants arrivant dans un quartier est si souvent à l'image de la situation des enfants déjà présents dans le quartier, c'est essentiellement

26. D. Goux et É. Maurin, "Neighborhood Effects and Performance at School", art. cité.

parce que les parents des uns et des autres partagent les mêmes niveaux culturels. Dans les voisinages où plus du tiers des habitants sont étrangers, un nouvel arrivant sur trois est étranger. Inversement, dans les voisinages sans étrangers, la proportion d'étrangers parmi les nouveaux arrivants est résiduelle.

Le marché du logement filtre les familles en sorte que ne puissent voisiner que des familles très proches du point de vue de leurs ressources culturelles. Ces ressources culturelles des parents étant directement ou indirectement un facteur de réussite scolaire, il en résulte par contre-coup une grande proximité des performances scolaires des enfants amenés à voisiner, avant même qu'ils n'aient l'occasion de réellement s'influencer les uns les autres.

La question est donc de savoir si – au fur et à mesure que le temps passe – les performances et les attitudes des familles résidant les unes auprès des autres tendent à se rapprocher encore davantage que ce à quoi les déterminent d'emblée leurs origines communes, leur nationalité et leur diplôme en particulier. Si l'on suit les données de l'enquête Emploi, la réponse s'avère positive : la proximité des performances tend quasiment à doubler au fur et à mesure que le temps passe et que l'effet des interactions entre voisins peut se déployer. La corrélation statistique entre le retard scolaire d'un enfant et celui des enfants venant de s'installer dans le voisinage est, par exemple, deux fois plus faible que la corrélation entre le retard scolaire d'un enfant et celui des enfants installés depuis plus d'un an dans le voisinage. Avec le temps, les attitudes et performances convergent au sein des quartiers.

Ce phénomène de convergence tend évidemment à durcir les inégalités de destin. Si l'on compare deux familles partageant la même nationalité et les mêmes niveaux de diplôme, l'une que le hasard a installée de longue date dans un voisinage où l'échec scolaire est relativement fort, l'autre dans un voisinage où il est relativement faible, on constate entre elles, au fil du temps, des divergences très nettes dans les performances scolaires de leurs enfants[27]. Ces différences de destin se creusent en dépit de la similitude des ressources privées des familles, au fur et à mesure que les interactions avec des voisinages différents produisent leur effet. Selon qu'elle vit entourée ou non de familles dont les parents sont sans diplôme, une même famille voit le risque d'échec scolaire de ses enfants varier dans des proportions de 50 %. Ces différents résultats suggèrent de manière assez convaincante, selon nous, qu'en France comme aux États-Unis, le contexte social a un effet propre très significatif sur les destins scolaires.

En somme, les familles choisissant (ou contraintes) d'habiter dans un même quartier sont souvent très proches du point de vue de leurs ressources culturelles et de leur origine géographique, ce qui explique une bonne partie de la similitude des performances de leurs enfants, notamment au moment de l'installation. Mais cela ne l'explique pas entièrement, loin s'en faut. Au fur et à mesure que le temps passe, la corrélation entre les performances des enfants s'accroît et atteint des niveaux que la similitude des ressources privées ne suffit pas à expliquer.

Diversité des HLM, diversité des destins

Le destin des enfants vivant dans des logements HLM offre un aperçu complémentaire, lui aussi très saisissant, de la puissance des effets de contexte en France. La seule condition requise pour postuler à un logement HLM est une condition de ressources, le niveau de revenu annuel de la famille devant être inférieur à un seuil d'environ 500 euros par personne par mois (seuil variable

27. L'analyse statistique complète se trouve dans D. Goux et É. Maurin, "Neighborhood Effects and Performance at School", art. cité. On trouvera toutefois dans le tableau 4 en annexes p. 94 quelques éléments chiffrés éclairant l'impact des performances scolaires des voisins sur les performances scolaires des enfants.

d'une région à l'autre et selon la taille de la famille). De fait, le nombre de familles postulant pour un logement HLM excède largement le parc disponible (environ 20 % du parc de logement), ce qui entraîne des files d'attente considérables et des délais souvent de plusieurs années avant d'obtenir un logement. Le parc de logements HLM est géré par plusieurs institutions et les familles tentent généralement leur chance en parallèle auprès de plusieurs gestionnaires à la fois. Files d'attente, multiplicité des intervenants, tous ces facteurs font que les familles n'ont qu'une maîtrise très indirecte de la localisation et du voisinage exact du logement qui leur est finalement proposé. Les locataires de logement HLM sont en réalité plongés dans des voisinages que l'on a choisis pour eux au gré des départs volontaires et sans doute aussi de l'idée que se font les administrateurs d'un bon équilibre ethnique et social au sein du parc dont ils assurent la gestion.

Il ne s'agit pas ici de prétendre que les quartiers HLM offrent un exemple de mixité sociale aboutie. Par construction, ils regroupent en leur sein des foyers relativement modestes, très souvent issus de l'immigration. Il s'agit simplement de souligner que les critères présidant à l'allocation des logements au sein du parc HLM n'ont *a priori* rien à voir avec ce que seraient les critères de familles cherchant à assurer le meilleur destin scolaire pour leurs enfants. De fait, il est frappant de constater que – pour ce sous-ensemble très particulier du parc de logements – il n'existe aucune corrélation entre les performances scolaires des enfants s'installant dans un quartier HLM et celles des enfants vivant dans ce quartier. La corrélation n'existe en réalité que dans le parc de logements privés. En ce sens, les quartiers HLM sont bien plus « mixtes » que les quartiers privés où s'exercent à plein les lois du marché résidentiel. De fait, l'effet du contexte social dans les logements HLM peut être directement évalué en comparant les destins individuels des enfants que le hasard des files d'attente a placés dans un quartier où l'échec scolaire n'est pas trop massif, avec ceux des enfants que le hasard a placés dans des contextes où l'échec est massif. Cet exercice confirme l'existence d'effets de contexte tout à fait considérables : toutes choses égales par ailleurs, un enfant vivant dans une HLM a un risque d'échec scolaire considérablement plus important lorsqu'il a la malchance d'habiter une HLM peuplée d'enfants en échec, que lorsque son HLM est peuplée d'enfants ayant réussi à éviter l'échec scolaire.

D'autres chercheurs, dans d'autres pays, ont également essayé de tirer parti du caractère aléatoire des processus d'allocation des logements sociaux pour identifier les effets du contexte social sur les destins individuels. Une récente étude canadienne[28] analyse le destin social des enfants ayant passé leur enfance dans les HLM de Toronto au Canada. L'auteur compare le destin de ceux dont l'enfance s'est déroulée dans les grandes HLM du centre-ville, vaste concentration de population défavorisée, avec le destin de ceux dont l'enfance s'est déroulée dans les petites HLM de banlieue, insérées dans les quartiers de classes moyennes. Dans la mesure où l'allocation des familles à l'un ou l'autre des programmes de logement est aléatoire, l'auteur tient bien l'équivalent d'un protocole expérimental permettant de mesurer les effets de long terme du voisinage social. À l'issue de son évaluation, il ne discerne pas vraiment de différence dans les salaires ou le niveau d'exposition au chômage entre ceux qui ont grandi dans les « petites » et les « grandes » HLM, mais il identifie en revanche des différences très significatives dans l'exposition à la délinquance et au crime.

L'une des limites de l'enquête canadienne est que le critère « grand » ou « petit » ne mesure qu'indirectement et imparfaitement la qualité exacte du voisinage immédiat telle que peut par exemple l'identifier l'enquête Emploi française (30 à 40 logements alentour). La variabilité des résultats obtenus par les chercheurs dans leurs tentatives pour évaluer les effets du contexte, s'explique

---

28. Philip Oreopoulos, "The Long-run Consequences of Living in a Poor Neighborhood", *Quarterly Journal of Economics*, vol. 118, n° 4, 2003.

aussi sans doute par la plus ou moins grande précision avec laquelle leurs données permettent de caractériser les personnes du voisinage proche ou (quand il s'agit d'enfants) fréquentant les mêmes écoles, voire les mêmes classes. À la limite, les résultats de l'étude canadienne peuvent se comprendre de la manière suivante : du point de vue des interactions sociales, seul compte le voisinage immédiat, et les politiques de logement social auront d'autant moins d'effet qu'elles n'aboutiront pas à une réelle immersion des familles les plus démunies dans un univers moins défavorisé. Même à échelle humaine, un « petit » quartier HLM reste une enclave et a finalement (sauf peut-être pour l'exposition au crime et à la délinquance) autant d'effet déprimant qu'un « grand ».

Dans une autre étude récente, une universitaire de Harvard se concentre justement sur les voisins les plus proches que l'on puisse imaginer pour des enfants, à savoir leurs camarades de classes[29]. L'auteur s'intéresse à la réussite scolaire des enfants américains dans le primaire. Les données dont elle dispose lui permettent de mesurer dans chaque école primaire de son échantillon et à chaque niveau du cursus scolaire les variations d'une année sur l'autre des résultats obtenus par les enfants en fonction des variations (dans leur classe) de la proportion de filles et de garçons, d'une part, d'enfants noirs et d'enfants blancs, de l'autre. Les résultats sont extrêmement suggestifs : une augmentation de la proportion de garçons ou de la proportion d'enfants noirs a en elle-même un effet très significativement négatif sur les résultats des différentes catégories d'enfants. Selon cette enquête, un petit garçon noir ayant la chance d'être scolarisé une année où la proportion de filles est relativement forte et la proportion de Noirs relativement faible, réussit bien mieux qu'un petit garçon noir scolarisé une année où les garçons et les Noirs sont relativement plus nombreux.

---

29. Caroline Hoxby, "Peer Effects in the Classroom: Learning from Gender and Race Variation", NBER, Working Paper 7867, 2000.

La méthode utilisée par cette enquête se justifie dans la mesure où les variations dans la morphologie sociale des classes de CP, par exemple, d'une école primaire donnée ne peuvent être supposées sous le contrôle des parents. Les parents les plus riches et les plus attentifs peuvent maîtriser l'école élémentaire que fréquentera leur enfant au niveau du CP, mais ils peuvent difficilement maîtriser le fait que l'année où leur enfant sera scolarisé au CP, la proportion de petites filles ou d'enfants étrangers sera plutôt plus forte ou plus faible que d'habitude.

Voisins de décembre, voisins de janvier

De façon générale, le problème pour identifier l'effet du contexte social sur les enfants est toujours un peu le même : parvenir à isoler une source de variation dans la qualité du contexte immédiat des enfants qui ne puisse pas avoir été sous le contrôle des parents et qui s'apparente ainsi à un choc aléatoire de nature quasi expérimentale sur le destin des enfants.

Pour isoler l'effet des interactions avec des enfants en difficulté scolaire sur la probabilité d'être soi-même en difficulté, il faut identifier un facteur qui détermine les difficultés scolaires des enfants avec lesquels j'interagis, mais qui n'ait pas pu entrer dans les calculs de mes parents lorsqu'ils ont choisi notre lieu de résidence et mon lieu de scolarisation. Dans un pays comme la France, où l'on tolère relativement peu de différences de niveau au sein des classes et où la régulation des élèves en difficulté se fait donc essentiellement par le redoublement, un tel facteur existe : le mois de naissance. Les enfants nés en fin d'année, les plus jeunes de leur classe d'âge, sont aussi en moyenne les moins mûrs et donc les plus susceptibles de redoubler une année pour suivre une scolarité normale. De fait, au niveau individuel, le mois de naissance dans l'année détermine de façon directe la probabilité d'être en retard à l'école : à l'entrée en sixième en 1997, le taux de retard est de 15 % pour les enfants nés au cours des six premiers mois de l'année, et de plus de 28 % pour les enfants nés au cours des six derniers mois. Comme on peut raisonnablement supposer que les parents s'installant dans un voisinage n'ont pas vraiment d'informations sur le mois de naissance, ni même d'ailleurs sur la situation scolaire exacte des autres enfants déjà présents dans ce voisinage, les mois de naissance de ces autres enfants constituent bel et bien le levier d'un protocole quasi expérimental pour évaluer l'effet lié au fait de grandir à proximité d'enfants du même âge en difficulté à l'école, plutôt qu'à proximité d'enfants n'ayant pas de difficulté. De fait, quand on procède à cette évaluation à l'aide de l'enquête Emploi, on constate une influence significative de ce facteur en apparence anodin : un enfant grandissant à proximité d'enfants nés tous au premier semestre ont une probabilité d'échec scolaire à 15 ans d'environ 4 points plus élevée que les autres enfants de 15 ans. C'est, selon nous, un autre signe particulièrement probant de l'effet du contexte sur les destins individuels. Étant donné l'effet du mois de naissance sur la probabilité individuelle d'être en retard, ce différentiel de quatre points signifie qu'un enfant grandissant auprès d'enfants tous en retard a, toutes choses égales par ailleurs, une probabilité de près 30 points plus élevée d'être en retard en troisième, qu'un enfant grandissant au voisinage d'enfants tous « à l'heure ». Il s'agit d'un effet tout à fait considérable qui, pris au sérieux, signifie qu'en France, plus de 20 % des inégalités devant le retard scolaire au primaire et au collège sont en réalité dues aux inégalités de voisinage social.

D'autres études ont cherché à identifier une source de variation quasi expérimentale des performances des enfants (ou des étudiants) vivant dans le voisinage proche. Dans une étude récente, un universitaire américain prend ainsi appui sur le fait que les étudiants du Darmouth College aux États-Unis vivent avec un colocataire qui leur est attribué par tirage au sort et qu'ils n'ont donc pas choisi[30]. À l'instar du mois de naissance des enfants du voisinage en France, la qualité des résultats scolaires du colocataire sur le campus du Darmouth College est un aspect du contexte social de chaque étudiant qui n'a pu être ni sous son contrôle ni sous celui de sa famille. L'étude révèle néanmoins des différences de réussite universitaire très significatives selon que l'on a la chance ou pas d'être le colocataire d'un étudiant brillant ou d'un étudiant médiocre.

Trois économistes israéliens se sont récemment intéressés aux destins des enfants des familles juives éthiopiennes dont l'État hébreu a financé le rapatriement en Israël en janvier 1991[31]. À leur arrivée, les familles et leurs 15 000 enfants ont été dispersés à travers le pays dans différents centres d'accueil. Le protocole de dispersion des familles ayant été à peu près aléatoire, les auteurs de l'étude tiennent bien l'équivalent d'une expérience dans laquelle un échantillon d'enfants se voit attribuer de façon aléatoire le voisinage social dans lequel il va devoir grandir et se construire. Leur analyse révèle que les petits Éthiopiens ont d'autant mieux réussi à l'école que le hasard les a conduits à fréquenter une école où le niveau moyen des élèves était élevé. Les enfants ayant eu la chance d'être affectés dans une école dont les résultats moyens aux tests de mathématiques, avant la vague d'immigration, étaient parmi les 50 % les plus forts, sont beaucoup plus nombreux à achever leur scolarité secondaire et à réussir l'équivalent israélien du baccalauréat, que les enfants ayant eu la malchance d'être scolarisés dans la moitié des écoles les plus faibles. Les différences de contexte de scolarisation expliquent à elles seules un tiers à peu près des inégalités de réussite observées entre les jeunes immigrants éthiopiens.

---

30. Bruce Sacerdote, "Peer Effects With Random Assignment: Results for Dartmouth Roommates", *Quarterly Journal of Economics*, vol. 116, 2001.

31. E. G. Gould, V. Lavy et M. D. Paserman, "Immigrating to Opportunity: Estimating the Effect of School Quality using a Natural Experiment on Ethiopans in Israel", à paraître dans *Quarterly Journal of Economics*.

CHAPITRE III

Ségrégation et politiques sociales

La concurrence pour le territoire ne repose pas sur un malentendu, ni sur des fantasmes, mais sur une réalité : l'endroit où l'on habite représente bel et bien une ressource et un enjeu décisifs à chaque étape de la vie. La ségrégation et le déficit de mixité sociale contribuent réellement à enfermer encore un peu plus chacun de nous dans un destin écrit à l'avance. Aucune illusion n'entre dans ce constat, malheureusement.

Devant une réalité aussi brutale, deux voies sont envisageables. La première est d'essayer de promouvoir une plus grande mixité sociale, de redistribuer les ressources du contexte social et d'encourager de façon volontariste l'avènement d'une société où la pauvreté familiale ne condamnerait pas les enfants à vivre dans des quartiers eux-mêmes dévastés par l'échec. Promouvoir la mixité est une façon de progresser vers une forme d'égalité des destins accessibles et donc un chemin possible vers davantage de justice sociale. La seconde voie consiste non pas à essayer de réduire la ségrégation urbaine elle-même, mais à tenter d'en réduire les effets destructeurs, en aidant plus particulièrement ceux que leur quartier de résidence défavorise le plus.

Promouvoir la mixité, atténuer les effets de la ségrégation : ces deux préoccupations sont – en théorie au moins – au cœur des politiques de la ville et du logement depuis plus de vingt ans. Pourquoi échouent-elles ? C'est ce qu'il nous faut maintenant chercher à comprendre.

L'échec des politiques du logement

L'équilibre de la composition sociale des quartiers représente l'objectif central de la politique de la ville depuis ses origines, au début des années 1980, dans le sillage d'émeutes urbaines particulièrement violentes, comme celles des Minguettes à Lyon. La loi sur la solidarité et la rénovation urbaine (SRU), votée en 2000, n'échappe pas à la règle. L'un de ses volets phares est l'instauration de pénalités financières pour les municipalités qui ne respectent pas le seuil de 20 % de logements sociaux. Cette loi a été votée par une majorité socialiste, mais son principe n'a pas été remis en cause par la majorité de droite qui lui a succédé : en 2002, le ministre de la Ville et le ministre du Logement issus de la nouvelle majorité ont jugé son principe tout à fait « sain ».

Force est pourtant de s'interroger sur les modalités et les principes de ce volontarisme. En premier lieu, si l'objectif visé est une mixité effective, il est illusoire de se reposer sur une obligation définie au niveau de la commune : les inégalités de composition sociale entre voisinages et quartiers d'une même commune sont la forme première des inégalités de contexte. La ségrégation mine les villes de l'intérieur et c'est seulement en agissant au niveau *infra*-communal que l'on peut espérer l'atténuer.

Plus fondamentalement encore, la ségrégation est un phénomène dont le principe profond se trouve non pas dans l'urbanisme ni dans la structure des logements offerts, mais dans l'intimité des peurs et des ambitions des familles qui les habitent. Imposer un quota de logements sociaux par commune permet naturellement d'augmenter le nombre total de logements sociaux, mais pas d'atténuer les craintes ni de modifier les stratégies des familles, ni par conséquent de favoriser un plus grand mélange social sur les territoires.

Créer les conditions d'un tel mélange est d'autant plus complexe que les éléments de contexte qui comptent le plus sont ceux de l'environnement immédiat. En exagérant à peine, la mixité doit être parfaite pour être réelle. L'analyse du destin social des personnes ayant grandi dans les logements sociaux révèle que, de ce point de vue, il n'y a guère de différence entre un quartier pauvre inséré dans une banlieue de classes moyennes et un quartier pauvre de centre-ville populaire[32]. Grande ou petite, centrale ou excentrée, une enclave de pauvreté a finalement les mêmes effets déprimants sur les destins sociaux. *A contrario*, la force des influences observées au sein des petites *aires* de l'enquête Emploi confirme l'importance des modèles et des normes que forge le voisinage le plus immédiat.

Depuis le milieu des années 1970, les gouvernements successifs ont également cherché à développer des formes d'aides personnalisées au logement, notamment en direction des ménages modestes. Le principe n'est pas de construire des logements sociaux réservés à ces ménages, mais de les aider à payer leurs loyers (ou à accéder à la propriété), quel que soit le logement. Ce type d'aides présente apparemment beaucoup d'avantages sur la construction de logements sociaux. Conditionnée aux ressources des ménages, l'aide reste *a priori* mieux ciblée sur les ménages dans le besoin. Elle baisse et peut être réorientée vers d'autres familles lorsque les bénéficiaires retrouvent une certaine stabilité financière. Enfin, elle leur laisse *a priori* le libre choix du logement et évite ainsi la formation de nouveaux ghettos.

Au début des années 1990, ces aides ont été assez brutalement généralisées à l'ensemble des ménages modestes, devenant

32. P. Oreopoulos, "The Long-run Consequences of Living in a Poor Neighborhood", art. cité.

d'ailleurs l'un des vecteurs majeurs du système de redistribution français. Pourquoi un tel effort n'a-t-il été suivi lui non plus d'aucun effet en termes de mixité sociale ? Plusieurs explications peuvent être avancées. En premier lieu, aider financièrement les plus pauvres à payer leurs loyers ne désamorce pas vraiment la crainte des plus riches de résider dans leur voisinage. Autrement dit, l'aide personnalisée au logement ne s'attaque pas davantage aux ressorts intimes de la ségrégation que la construction de logements sociaux. D'un point de vue plus pratique, contrairement aux systèmes actuellement en cours d'expérimentation aux États-Unis, les aides personnalisées françaises ne sont pas conditionnées à une installation dans des quartiers « non sensibles ». De fait, suite à la réforme de 1992, la croissance de la proportion de locataires aidés a été aussi forte dans le secteur HLM que dans le secteur privé et ne semble avoir entraîné aucun surcroît de mixité. Les familles ne mettent pas nécessairement à profit l'aide disponible pour améliorer la qualité de leur logement et/ou changer de contexte social. Peut-être parce qu'elles ont d'autres priorités, sans doute aussi parce que le marché du logement n'est pas toujours évident à décrypter. Conscients de cette difficulté, les pouvoirs publics américains expérimentent aujourd'hui un soutien personnalisé aux familles bénéficiaires pour les aider dans leur démarche de recherche de nouveaux logements. Dans le contexte français, cette aide personnalisée pourrait être l'une des missions d'un nouveau service public du logement, sur le mode du soutien apporté par le service public de l'emploi aux chômeurs.

Si le développement des aides à la personne n'a guère eu d'effets sur la mixité, c'est également, il faut bien le dire, parce qu'elles ont été en grande partie captées par les bailleurs. Une étude récente révèle ainsi que la généralisation de ces aides a été suivie d'une hausse des loyers plus particulièrement sensibles pour les publics nouvellement aidés[33]. Tout se passe comme si les propriétaires

33. Anne Laferrere et David Leblanc, « Comment les aides au logement affectent-elles les loyers ? », *Économie et statistique*, n° 351, 2002.

bailleurs avaient la capacité de profiter des aides nouvelles pour en récupérer une partie sous forme de loyer.

Le développement du logement social et des aides personnalisées peine à atteindre les causes profondes de la ségrégation territoriale. Ces politiques relèvent d'une logique un peu vaine de dispersion des pauvres, en aucun cas d'une logique visant à rassurer la société et à désamorcer la crainte éprouvée par beaucoup de vivre autrement qu'entre soi.

Tant que ne sont pas traitées en profondeur les causes de la défiance mutuelle entre les classes et fractions de classes sociales, une plus grande mixité urbaine a toute chance de rester un vœu pieux. Les établissements scolaires les plus enclins à définir filières et classes de niveaux, et à recréer de la ségrégation, sont ceux dont la composition sociale est la plus mélangée. Sans surprise, les parents des milieux aisés sont d'autant plus portés à demander la création de filières d'excellence que le risque est grand de voir leurs enfants relégués dans des classes trop mélangées. Une mixité de surface, imposée de l'extérieur, semble en réalité condamnée à attiser le ressentiment et à conduire *in fine* au déploiement de stratégies d'évitement de plus en plus sophistiquées et coûteuses.

L'échec des ZEP et des zones franches

Promouvoir une mixité réelle exige de désamorcer les enjeux stratégiques du lieu de résidence. C'est la seule voie possible pour éteindre les tensions ségrégationnistes enfouies en chacun de nous. Une telle ambition est sans doute hors de portée de politiques centrées sur l'urbanisme et le logement. Elle réclame une réforme de la société beaucoup plus profonde, une réforme des principes mêmes de distribution des destins scolaires et sociaux, lesquels sont aujourd'hui beaucoup trop malthusiens et élitistes pour ne pas être la source d'une anxiété et d'une concurrence généralisées.

Une stratégie plus modeste et moins difficile à mettre en œuvre consisterait à donner davantage de moyens, mais aussi davantage de responsabilités et de pouvoirs, à ceux que le quartier de résidence désavantage.

En France, les politiques ciblées les plus emblématiques sont celles des zones d'éducation prioritaires (ZEP) mises en place par la gauche dans les années 1980, et des zones franches mises en place par la droite au milieu des années 1990. Inspirée par les politiques des conservateurs britanniques à l'époque de Thatcher, la politique de zones franches essaie de dynamiser l'activité économique dans les quartiers défavorisés en *exonérant* les entreprises qui s'y installent de toute contribution sociale. Trouvant, pour sa part, son inspiration dans les politiques menées par les travaillistes anglais dans les années 1960, la politique des ZEP obéit à un principe complètement différent, puisqu'il s'agit d'*augmenter* l'effort de la collectivité en direction des écoles et des collèges des quartiers défavorisés. Très différentes dans leurs orientations idéologiques, les zones franches et les ZEP n'en donnent pas moins toutes les deux des résultats très décevants au regard de leurs coûts.

Les promoteurs des politiques de zones franches mettent en avant un constat très simple : les quartiers les plus riches sont ceux où les entreprises – notamment du commerce et des services – s'installent préférentiellement et sont également les mieux desservis par les transports en commun[34]. L'activité et l'emploi sont aimantés par les quartiers où résident les familles et les personnes les plus riches, ce qui renforce l'attrait de ces quartiers et entretient mécaniquement les processus de ségrégation.

Ciblée sur une sélection d'environ cinquante zones urbaines sensibles (ZUS), la politique de zones franches essaie de briser ce

34. Voir, par exemple, G. Martin-Houssard et N Tabard, « Les équipements publics mieux répartis sur le territoire que les services marchands », *France Portrait social*, INSEE, 2004. À titre illustratif, moins du tiers des habitants des communes à majorité ouvrière ont plusieurs magasins d'alimentation à proximité de chez eux contre une majorité des habitants des communes non ouvrières.

cercle vicieux. Les premières évaluations sont toutefois très mitigées (quand elles ne sont pas l'œuvre de leurs promoteurs les plus ardents). Les exonérations de charges sociales pour les entreprises permettent effectivement de déplacer un nombre significatif d'emplois et de petits commerces dans les zones ciblées (environ 50 000 en 5 ans), mais le bénéfice réel de ces déplacements est assez difficile à appréhender, car les emplois en question sont souvent détruits (ou « non créés ») dans des zones voisines, elles-mêmes en difficulté. Par ailleurs, si les bénéfices pour la collectivité dans son ensemble sont discutables, les coûts par emplois déplacés (perte de recettes fiscales) sont en revanche très clairs. Selon l'Inspection générale des affaires sociales (IGAS), ils s'élevaient en 1998 à environ 230 millions d'euros pour un bénéfice d'environ 10 000 emplois déplacés, soit 2 300 euros par emploi déplacé, ce qui est tout simplement exorbitant. Les entreprises sont en théorie tenues à 20 % d'embauches « locales », mais avec des obligations très légères sur la durée des contrats de travail. L'obligation d'emploi peut donc être facilement contournée en employant les personnes du quartier quelques heures seulement. Toujours selon l'IGAS, l'effet des zones franches sur la composition sociale des quartiers reste marginal.

Si une politique aussi coûteuse produit des résultats aussi maigres, notamment en termes de mixité, c'est que le déficit de commerces ou de services n'est qu'un des aspects de la pauvreté des quartiers visés et sans doute pas le plus décisif. Dans son étude sur les prix du logement en région parisienne, Olivier Morlet montre que les variations de prix entre les communes de la région parisienne s'expliquent beaucoup mieux par les variations du revenu par habitants d'une commune à l'autre, que par les différences d'éloignement par rapport au centre de Paris, cette variable d'éloignement étant prise comme indicateur de la distance aux principaux services de la région parisienne[35]. Selon cette étude, c'est

35. O. Morlet, « Marché du logement et ségrégation spatiale en région parisienne », art. cité.

beaucoup plus le contexte social que l'accès aux principaux services de la région qui détermine aux yeux des habitants la valeur d'une résidence.

De fait, à qualité de logement donnée, les prix au mètre carré sont à Neuilly environ trois fois plus élevés qu'à Saint-Denis, et deux fois plus qu'à Clichy, sans qu'il soit vraiment possible d'interpréter ces différences considérables en termes de proximité des principales infrastructures. Le même raisonnement vaudrait évidemment pour les différences de prix observées au sein même de la métropole parisienne. Comment expliquer – sinon par un effet de contexte – les différences considérables de prix du logement de part et d'autre de la Seine, selon que l'on habite du côté de Saint-Jean-de-Passy dans le XVIe arrondissement ou près de Javel dans le XVe ?

L'autre tentative emblématique des politiques ciblées en direction des quartiers en difficulté est la politique des ZEP. Fait assez mal connu, cette politique est aujourd'hui menée en France à grande échelle. Les ZEP couvraient plus de 8 % des élèves de collège en 1982, près de 11 % des élèves et 15 % des collégiens au milieu des années 1990 et environ 20 % des écoliers et collégiens aujourd'hui, soit un million et demi d'enfants et d'adolescents.

Le classement en ZEP offre un surcroît de moyens aux établissements sous forme de postes et d'heures supplémentaires d'enseignement, l'un des objectifs étant de réduire la taille des classes. Les personnels reçoivent par ailleurs une prime spécifique (environ 1 000 euros par an) et bénéficient d'un avantage relatif pour être promus à un grade supérieur ou pour changer de poste. Les incitations financières ont pour objectif d'attirer et de fidéliser les enseignants. Au total, en 1998-1999, le supplément de ressources allouées aux ZEP représentait environ 1,2 % du total des dépenses pour les activités d'enseignement (environ 400 millions d'euros).

Il s'agit ainsi d'une politique ambitieuse, accompagnée d'un effort budgétaire globalement important. L'effort est toutefois saupoudré sur une telle quantité de zones et une telle masse d'enfants qu'au total les ressources allouées en moyenne à un élève de ZEP sont à peine 8 % à 10 % supérieures à celles allouées à un élève hors ZEP. À titre de comparaison, aux Pays-Bas, les ressources allouées en moyenne à un élève issu de milieux défavorisés sont de 1,5 à 2 fois plus importantes que la moyenne (selon qu'il est issu de l'immigration ou non), et ce indépendamment de la localisation de son école.

Étant donné le faible surcroît de ressources destinées aux élèves en difficulté, les évaluations disponibles des ZEP sont, sans surprise, très décevantes[36]. Elles montrent que les progrès des élèves en mathématiques et en français y sont, toutes choses égales par ailleurs, plutôt moins importants que dans les établissements hors ZEP, ou encore que le classement en ZEP ne s'accompagne d'aucune amélioration des performances relatives des établissements concernés.

Dans la mesure où ces études n'ont pas vraiment les moyens de prendre en compte les effets du voisinage et du contexte social dans lequel se déroulent les scolarités, le constat n'est peut-être pas aussi sombre qu'elles le disent. Les ZEP sont situées dans des quartiers plutôt plus défavorisés que la moyenne, avec des proportions d'élèves en difficulté et d'élèves d'origines modestes relativement fortes et plutôt en augmentation. Dans la mesure où ces éléments de voisinage sont en eux-mêmes des facteurs d'échec scolaire, l'absence d'« effets ZEP » dans les évaluations disponibles est peut-être la résultante d'un effet intrinsèquement négatif du voisinage et d'un effet intrinsèquement positif de la ZEP. En d'autres termes, les évaluations disponibles auraient peut-être identifié un diffé-

36. Voir notamment, Denis Meuret, « L'efficacité de la politique de zones d'éducation prioritaires dans les collèges », *Revue française de pédagogie*, 109, 1994 ; Jean-Paul Caille, « Les collégiens de ZEP à la fin des années 1990 : caractéristiques des élèves et impact de la scolarisation en ZEP sur la réussite », *Éducation et formations*, 61, 2001, ainsi que R. Bénabou, F. Kramarz et C. Prost, « Zones d'éducation prioritaires : quels moyens pour quels résultats ? », document de travail du CREST, 2003.

rentiel de progression encore plus net encore entre les élèves fréquentant une ZEP et les autres si aucun supplément de moyens n'avait été alloué aux ZEP.

Le problème principal est bien celui du saupoudrage et de l'insuffisant ciblage des moyens. Le passage en ZEP ne s'est accompagné que d'une très lente, et finalement assez faible, diminution du nombre d'élèves par classe[37]. À la fin des années 1990, on compte en moyenne deux élèves en moins par classe dans les ZEP, ce qui est faible, mais cohérent avec l'idée d'un effort d'environ 10 % supérieur dans les ZEP. Une partie de cet écart d'effectif par classe existait en outre avant même le passage en ZEP et n'est pas à proprement parler le résultat de cette politique.

S'agissant de la composition du corps enseignant, le passage en ZEP s'accompagne d'un léger accroissement de la part des enseignants les moins expérimentés. Les politiques d'incitations financières n'arrivent pas vraiment à fidéliser les enseignants expérimentés. Elles attirent des professeurs en début de carrière dont beaucoup semblent avant tout miser sur les possibilités de promotion et de mobilité ultérieure.

S'agissant enfin de la composition sociale des établissements, R. Bénabou, F. Kramarz et C. Prost révèlent une légère détérioration du contexte : la proportion d'enfants n'allant pas à la cantine (indicateur de la proportion de parents chômeurs et/ou sans ressources) augmente légèrement au fil du temps dans les ZEP, l'écart s'accroissant avec les zones hors ZEP. De fait, comme nous avons déjà eu l'occasion de le mentionner, les ZEP souffrent d'un problème de stigmatisation : les familles de classes moyennes et supérieures évitent de s'y installer, ce qui, au fil des départs et des remplacements, finit par altérer leur sociologie. Il serait très intéressant d'expérimenter un assouplissement sélectif de la carte scolaire pour les familles résidant en ZEP : les familles des classes moyennes

---

37. R. Bénabou, F. Kramarz et C. Prost, « Zones d'éducation prioritaires : quels moyens pour quels résultats ? », art. cité.

n'auraient plus nécessairement le sentiment d'être piégées en s'installant dans ces zones, et les phénomènes d'évitement – si préjudiciables à la longue – seraient peut-être moins massifs. Un tel assouplissement aurait en outre le mérite de rétablir un tant soit peu d'égalité devant les obligations de la carte scolaire, que seules aujourd'hui les familles des classes supérieures ont les moyens de contourner.

Au total, les moyens financiers accompagnant les classements en zone prioritaire sont relativement importants, mais tellement éparpillés que leurs effets demeurent imperceptibles et presque dominés par les effets de stigmatisation (que le saupoudrage tend à multiplier).

À la dispersion des moyens s'ajoute le manque de transparence et d'efficacité dans les procédures de sélection des zones et de renouvellement périodiques du tissu de ZEP. Il s'agit d'une difficulté très générale que les politiques à support territorial ont souvent du mal à surmonter. De fait, si l'on peine à comprendre les critères réellement retenus par l'administration pour sélectionner les zones destinées à devenir prioritaires, on peine encore plus à comprendre le seuil au-delà duquel une zone cesse d'être prioritaire. En 1981, la première vague de ZEP se concentre essentiellement en Aquitaine et en Seine-Maritime. Rien ou presque dans la banlieue parisienne, peut-être parce que le Parti communiste est alors très hostile à cette entorse au principe d'égalité de traitement des enfants. La décision de classer une école ou un collège en ZEP est en théorie une prérogative des recteurs auxquels on demande de prendre en compte la morphologie sociale des zones et – dans une moindre mesure – les performances des enfants dans le primaire.

La comparaison des proportions d'élèves en retard à l'entrée au collège révèle en fait qu'elles sont très proches dans les zones ZEP et non ZEP de 1982, en dépit d'une proportion relativement élevée d'élèves étrangers dans les ZEP. Contrairement à une idée reçue, les ZEP sont loin d'être systématiquement des zones de relégation sociale. Il existe ici une forte hétérogénéité et nombre de ZEP ne sont guère différentes de la moyenne des non-ZEP.

L'opacité et le manque d'efficacité ont fini par susciter un grand scepticisme à l'égard des politiques ciblées en direction des territoires où se concentrent les difficultés sociales et scolaires. En France comme à l'étranger, leurs résultats sont souvent très décevants et jettent le doute sur leur principe même: donner davantage de moyens à ceux qui réussissent moins bien[38]. En rester là serait pourtant, je crois, une grave erreur d'interprétation. Plutôt que de condamner le principe fondamental des politiques ciblées, les évaluations disponibles mettent en cause les modalités de leur mise en œuvre. Dans le futur, il semble souhaitable que le dispositif des ZEP évolue non plus par simple extension du nombre de zones et d'enfants aidés, mais par approfondissement et accroissement de l'effort sur les zones où se concentrent réellement les difficultés.

Le surcroît d'efforts pour les élèves en difficulté est aujourd'hui bien trop marginal pour produire un effet repérable. Le statut de ZEP devrait évoluer de manière à devenir beaucoup plus temporaire et révisable. En conditionnant l'obtention de surcroîts de ressources temporaires, mais importants, à la formulation de projets évaluables (selon des critères à négocier au coup par coup), on se donnerait les moyens de faire en sorte que le label ZEP ne soit plus stigmatisant, mais au contraire signe de dynamisme.

S'agissant de l'échec scolaire comme du chômage et des autres formes de pauvreté, le territoire s'est imposé trop rapidement comme un principe de catégorisation et d'action évident. Les difficultés auxquelles doivent faire face certains collèges sont certes tellement frappantes que la politique éducative ne semble pas avoir d'autres recours que de chercher à les prendre pour cibles priori-

---

38. D'où d'ailleurs l'intérêt récent pour des méthodes de « discrimination positive » du type de celle expérimentée à Sciences Po, où l'on abandonne l'idée d'intervenir en amont, au moment où se créent les inégalités.

taires. Mais l'expérience des ZEP et des zones franches montre à quel point cette évidence peut être trompeuse.

Prendre les territoires pour cibles, c'est presque immanquablement s'exposer à oublier une fraction non négligeable des plus démunis – installés ailleurs, dans les interstices des territoires jugés « non sensibles » – et à n'atteindre que trop peu l'autre partie, d'où injustices et inefficacités. C'est également s'exposer à voir le dispositif s'alourdir au fil de pérennisations et de généralisations politiquement difficiles à refuser, mais qui tuent dans son principe même l'idée du ciblage tout en finissant par stigmatiser des territoires qui s'enlisent dans l'aide sociale.

Paradoxalement, si l'on veut lutter efficacement contre la ségrégation territoriale, il est aujourd'hui nécessaire de se déprendre de l'évidence du territoire comme catégorie d'action. La principale limite des politiques ciblées sur des territoires particuliers ne tient pas au principe du ciblage, mais au fait même d'avoir des territoires pour cibles. Cela ne condamne en rien l'idée qu'il faille « donner plus à ceux qui ont moins », mais oblige à la déplacer.

Miser sur l'enfance

La déplacer à quel niveau ? La réponse la plus simple reste la plus prometteuse : au niveau des individus[39]. C'est en ciblant correctement les individus eux-mêmes, et seulement à cette condition, que l'on parviendra à atténuer un tant soit peu les effets destructeurs de la ségrégation territoriale.

Soit dit en passant, cibler les individus ne veut pas dire abandonner les territoires et les quartiers, au contraire. Lorsque chacun souffre de la pauvreté et des échecs de ses voisins, chacun bénéficie également des améliorations de la situation et des per-

39. J. Donzelot, C. Mével, A. Wyvekens, *Faire société. La politique de la ville aux États-Unis et en France*, Paris, Le Seuil, 2003.

formances de ses voisins. Toute politique sociale ou éducative diminuant les risques d'échecs dans un type particulier de famille a ainsi pour effet indirect de diminuer les risques d'échec dans les familles vivant à proximité, même si ces dernières ne sont pas directement concernées. Pour prendre un exemple, toute politique en faveur de l'intégration culturelle des enfants d'immigrés aura un effet positif non seulement sur ces familles particulières, mais également, du fait des interactions sociales, sur l'ensemble des familles non immigrées vivant à proximité, dans les quartiers pauvres comme dans les quartiers riches. Les spécialistes parlent à ce propos d'*effet multiplicateur*. La meilleure analogie est sans doute médicale : toute politique de prévention d'une maladie contagieuse protège ceux à qui elle bénéficie directement, mais également tous leurs proches et tous ceux qui seront amenés à les rencontrer, en diminuant les risques de contamination. La portée de cet effet multiplicateur est d'autant plus grande que la ségrégation est forte et l'effet des interactions sociales important.

Faire jouer l'effet multiplicateur ne demande pas nécessairement de sélectionner un ensemble de zones sur lesquelles cibler les politiques, ni même d'identifier précisément les canaux par lesquels les familles et les enfants s'influencent mutuellement. Cela demande simplement d'identifier les formes de pauvreté individuelles les plus pénalisantes et d'essayer de les réduire. L'effet multiplicateur s'enclenche alors de lui-même, par une sorte de contagion vertueuse.

Les enfants et les jeunes adultes sont, à mon sens, les cibles stratégiques d'une politique visant les individus et misant sur cet effet. Un consensus se dessine aujourd'hui pour dire que les différentes formes de pauvreté sont d'autant plus pénalisantes qu'elles affectent les premières années de la vie. À l'origine de cette conviction, le constat qu'il est beaucoup plus efficace d'aider au développement des enfants en les soutenant avant même leur scolarisation, que plus tard au cours de la scolarité. Plus l'intervention est précoce et massive, plus les bénéfices pour l'enfant et la société sont importants.

L'expérience connue sous le nom de *Perry School Project* est à la fois l'une des plus anciennes et des plus concluantes sur ce point. Au milieu des années 1960, un échantillon d'environ 130 enfants entre 4 et 5 ans issus de familles pauvres noires américaines est divisé en deux groupes de taille à peu près identique, un groupe expérimental (qui bénéficiera du projet) et un groupe de contrôle (qui n'en bénéficiera pas). Le groupe expérimental se voit proposer pendant deux ans un programme d'éveil et de préparation assez intense, avec deux heures et demie de classe par jour (quatre maîtres pour des classes d'environ vingt élèves) ainsi qu'une visite hebdomadaire dans la famille pour informer et former les parents. L'effort pédagogique se réclame assez ouvertement de Piaget : autant que possible, les maîtres laissent l'initiative aux enfants et en font le support de leur action pédagogique. Les quatre maîtres sollicités sont expérimentés et qualifiés.

Les deux groupes ont ensuite été suivis tout au long de leur vie. Les comparaisons disponibles quant à leur destin scolaire et social sont éloquentes. À 27 ans, plus du tiers des enfants du groupe de contrôle sont devenus des délinquants multirécidivistes (plus de cinq arrestations) contre une proportion résiduelle des enfants du groupe ayant bénéficié des deux ans de soutien. La moitié des enfants du groupe de contrôle n'ont pas fini leurs études secondaires contre moins du tiers des enfants ayant bénéficié du soutien. Devenus jeunes adultes dans les années 1990, très rares sont les enfants du groupe de contrôle à gagner plus de 2 000 dollars par mois alors que c'est le cas de la majorité des bénéficiaires du soutien préscolaire. L'expérience révèle ainsi un impact de long terme considérable. Les moyens mis en œuvre par enfant dans le cadre de ce projet sont très importants (à peu près 15 000 dollars par an et par enfant), mais les évaluations aujourd'hui disponibles révèlent que les bénéfices sociaux (ne serait-ce qu'en termes d'aides sociales économisées et d'incarcérations évitées) sont près de huit fois plus importants.

La réussite de cette expérience[40] a rapidement conduit les pouvoirs publics américains à mettre en place des programmes de soutien préscolaire à bien plus grande échelle. Le projet *Head Start* a ainsi été mis en œuvre dès la fin des années 1960. Il représente un effort financier et éducatif par enfant nettement moins important que les projets expérimentaux (environ 6 000 dollars par enfant), mais touche aujourd'hui environ un million d'enfants de milieux défavorisés. Tous les enfants de moins de cinq ans vivant dans des familles à bas revenus sont *a priori* éligibles pour bénéficier de ce programme, mais seul un tiers environ en est effectivement bénéficiaire, du fait des problèmes de financement locaux. Décentralisée, la mise en œuvre repose sur des personnels souvent nettement moins qualifiés que dans les programmes expérimentaux.

La dernière évaluation disponible de *Head Start* met néanmoins en évidence des effets très importants sur la qualité des scolarités (particulièrement chez les bénéficiaires blancs) ainsi que sur le risque de devenir délinquant (particulièrement chez les bénéficiaires noirs). Les bénéficiaires achèvent bien plus souvent leurs études secondaires que les autres et tentent beaucoup plus fréquemment leur chance à l'université. Les effets varient beaucoup d'une sous-population à l'autre, mais sont souvent considérables[41].

---

40. Et celle d'autres expériences similaires, comme le *Carolina Abecedaire Project*.

41. Voir Janet Currie, Eliana Graces et Duncan Thomas, "Longer Term Effects of Head Start", *American Economic Review*, vol. 92, septembre 2002. Dans leur évaluation, les auteurs de cette étude mettent également en évidence des effets d'interaction à l'intérieur des familles : toutes choses égales par ailleurs, un enfant ayant un bénéficiaire de *Head Start* parmi ses frères et sœurs réussit mieux à l'école qu'un enfant dont aucun parent n'a bénéficié du programme. Il semblerait notamment que la formation que reçoivent les parents au moment de *Head Start* favorise ensuite les enfants plus jeunes, même lorsque ces derniers ne bénéficient pas eux-mêmes directement du programme.

À certains égards, les Français ont depuis longtemps compris l'intérêt d'investir dans les très jeunes enfants en mettant en place une école maternelle gratuite, ouverte à tous, et en la confiant à des enseignants tout aussi qualifiés que ceux du primaire. À la différence des programmes *Head Start*, l'école maternelle bénéficie toutefois à tous les enfants et ne constitue donc pas un effort particulier pour aider les enfants les plus susceptibles d'être en difficulté plus tard. Les rares études disponibles sur la réussite à l'école maternelle suggèrent que les inégalités cognitives entre élèves de maternelle sont, non seulement d'emblée extrêmement importantes, mais qu'elles ont ensuite tendance à *s'accentuer*[42]. Les jeunes enfants profitent d'autant mieux de l'enseignement des maîtres qu'ils bénéficient par ailleurs de conditions de vie satisfaisantes.

L'école française est profondément égalitaire et il est injuste de la placer à l'origine des inégalités considérables entre enfants. En revanche, il est vrai que, dans son principe même, elle n'est pas faite pour corriger ces inégalités. Même si elle parvenait à réorienter ses efforts vers les enfants les plus en difficulté, l'école élémentaire ne pourrait de toute façon pas actionner certains des leviers fondamentaux de réduction des inégalités entre tout jeunes enfants. Les difficultés rencontrées dès la maternelle et le CP par les enfants des milieux modestes ont pour origine des pauvretés plus fondamentales encore que celles que l'école peut espérer éradiquer ou atténuer. Les tout jeunes enfants des familles modestes sont encore, pour beaucoup, mal logés, mal soignés, mal nourris, et l'on ne peut

42. Voir l'état des lieux proposé par M. Duru-Bellat, « Les causes sociales des inégalités à l'école », *Comprendre*, n° 4, 2004. En l'état des évaluations disponibles, il est impossible de savoir si cela signifie que l'école maternelle bénéficie davantage aux enfants de milieux aisés ou si cela reflète simplement le fait que les parents aisés, mieux informés, font davantage d'efforts pour préparer leurs enfants à l'entrée au CP durant la dernière année de maternelle. De même, les enfants scolarisés précocement (à 2 ans) réussissent plutôt mieux que les autres, mais il est difficile de savoir si c'est l'effet de la scolarité précoce à proprement parler ou la conséquence du fait que les enfants scolarisés précocement sont en moyenne les plus mûrs de leur génération.

pas espérer réduire l'échec scolaire sans s'attaquer à ce faisceau de problèmes qui sont au cœur de la ségrégation territoriale.

En réalité, la pauvreté des parents affecte leurs enfants avant même la naissance. Menée en 1998, la dernière enquête périnatale révèle que les risques de naissance prématurée ou de faible poids (*i. e.*, moins de 2,5 kg) restent en France aujourd'hui environ 30 % plus élevés que la moyenne lorsque la mère vit du RMI ou des allocations chômage. Avec l'accroissement des traitements de la stérilité, on a vu récemment augmenter très significativement les naissances multiples et, partant, les naissances prématurées et à faible poids. Dans ce contexte, le critère du poids à la naissance ou le taux de prématuré ne sont sans doute plus des indicateurs aussi discriminants que naguère. Ils n'en continuent pas moins de révéler de très importantes différences dans la qualité des soins périnataux entre familles pauvres et les autres.

Immédiatement après la naissance, la pauvreté parentale contraint également les parents à un recours moindre aux services médicaux, d'où une plus grande fréquence d'affections mal soignées. L'analyse des bilans de santé réalisés en grande section de maternelle révèle ainsi de considérables inégalités devant la santé entre enfants scolarisés en ZEP et hors ZEP[43]. La proportion d'enfants de 6 ans victimes d'obésité est ainsi près de deux fois plus élevée dans les ZEP qu'ailleurs. En région parisienne (là où le surpoids est le plus fréquent), on compte plus de 7 % d'enfants de 6 ans en

43. La seule information disponible sur le milieu social des enfants est l'appartenance de l'établissement à une zone d'éducation prioritaire. Au niveau individuel, il s'agit d'une information très indirecte sur le milieu social des enfants, une fraction importante des familles habitant en ZEP n'étant pas vraiment défavorisée. Dans l'enquête, 57 % environ des familles ZEP sont ouvrières contre 34 % des familles non ZEP. Étant donné ces proportions, les différences de bilan de santé entre enfants scolarisés en ZEP et hors ZEP ne représentent guère plus de 23 % des différences existantes en moyenne entre enfants de familles ouvrières et non ouvrières. Les différentiels d'exposition à l'obésité ou aux problèmes dentaires observés n'en sont que plus éloquents.

situation d'obésité, contre 4 % seulement en dehors des ZEP. Des constats analogues[44] pourraient être faits à propos des problèmes dentaires ou des problèmes de vue. Ces différences suggèrent que les enfants d'origines modestes sont exposés à des régimes alimentaires et des modes de vie déséquilibrés beaucoup plus fréquemment que les autres.

Les quelques repères chiffrés aujourd'hui disponibles en France donnent une image atténuée (du fait des problèmes de mesure), mais pourtant déjà très impressionnante, des inégalités de santé et de développement entre tout jeunes enfants des différents milieux sociaux. Les premiers mois et les premières années de la vie inscrivent dans chaque génération un ensemble d'inégalités très profondes dans la constitution même des personnes, dont les inégalités à l'école puis sur le marché du travail ne sont plus tard, à bien des égards, que les suites les plus visibles.

L'école primaire, en France, ne corrige pas ces inégalités initiales, mais ne les amplifie pas réellement non plus. Les écarts de performances entre enfants de cadre et d'ouvrier sont à peu près identiques lors des tests d'évaluations du CE2 et lors des tests d'entrée au CP. En revanche, les inégalités tendent de nouveau à s'accroître fortement au collège. Les collégiens d'origines modestes souffrent de conditions d'existence et de logement souvent beaucoup moins propices à une adolescence sereine, moment pourtant charnière de leur existence.

Ils sont en particulier bien plus exposés aux problèmes de surpeuplement que les adolescents issus des classes moyennes ou des milieux aisés. Environ un tiers des adolescents vivent aujourd'hui dans un logement où l'on trouve plus d'une personne par pièce. Et ces mêmes adolescents souffrent deux fois plus souvent de retard scolaire que les adolescents vivant dans un logement où

44. L. Auvray et P. Le Fur, « Adolescents : état de santé et recours aux soins », *Bulletin d'information en économie de la santé*, n° 49, mars 2002.

l'on compte moins d'une personne par pièce[45]. On a également depuis longtemps constaté que les enfants de familles nombreuses réussissent plutôt moins bien que ceux des familles d'un ou deux enfants. Les enfants ayant au moins deux frères ou sœurs peinent davantage à l'école que ceux n'ayant qu'un seul frère ou qu'une sœur. Le taux de retard scolaire en 3e est d'environ 15 points plus élevés pour les premiers que pour les seconds (50 % contre 35 %). Selon nos évaluations, cet écart s'explique quasi entièrement par le fait que les enfants de familles nombreuses vivent beaucoup plus souvent dans des logements surpeuplés.

Aider les jeunes adultes

En luttant contre la précarité des conditions de santé et de logement dont souffrent encore de nombreux jeunes enfants et adolescents, on peut espérer améliorer leurs performances à l'école, mais également les performances de ceux qui résident dans leur voisinage. De même, en diminuant réellement la taille des classes dans les écoles accueillant les élèves les plus faibles, on peut espérer améliorer leurs résultats, mais également les résultats de ceux qui fréquentent le même établissement. Une étude récente de Thomas Piketty suggère qu'imposer en ZEP des classes de 18 élèves plutôt que de 22, comme c'est à peu près le cas actuellement, permettrait de diminuer de 40 % l'écart de performances au CE2 entre les élèves de ZEP et les autres[46]. Plus la ségrégation est forte, plus

45. Voir D. Goux et É. Maurin, "The Effect of Overcrowded Housing on Children's Performance at School", à paraître dans *Journal of Public Economics*.

46. Pour isoler l'effet causal de la taille des classes, Thomas Piketty analyse les variations des performances des élèves en fonction des variations de taille de classe liées *aux seuls franchissements de seuil d'ouverture et fermeture de classes.* Dans la mesure où ces franchissements reflètent les aléas de la démographie locale et n'ont aucun lien avec la qualité scolaire des élèves, il s'agit bien là de l'équivalent d'une expérience naturelle permettant d'identifier l'effet causal de la taille des classes sur les perfor-

les effets d'entraînement jouent à plein, et plus les politiques sociales et éducatives en faveur des enfants les plus pauvres sont payantes pour l'ensemble de la société.

Pour réussir ses études, il est nécessaire d'avoir pu bénéficier dans son enfance de conditions d'existence et d'études correctes. Mais c'est de moins en moins suffisant. Il faut également être capable de persévérer dans le système éducatif jusqu'à l'âge adulte et même au-delà. De ce point de vue, une crise de confiance semble s'être installée à la fin des années 1990, notamment chez les jeunes issus des classes populaires. Après dix années de croissance très soutenue, le niveau général de formation des sortants du système éducatif a cessé d'augmenter et les inégalités ont recommencé de se creuser entre jeunes d'origines sociales différentes. Il s'agit d'un phénomène d'autant plus inquiétant que la formation initiale a un impact de plus en plus décisif sur les carrières professionnelles. Le coup d'arrêt trouve sans doute en partie son origine dans une crise de confiance vis-à-vis du système, les jeunes d'origines modestes ayant fini par comprendre que les études qui leur étaient réservées n'étaient pas celles qui permettent de monter dans la hiérarchie sociale. Ce phénomène a sans doute également des causes beaucoup plus concrètes, les familles modestes ne pouvant pas financer une poursuite indéfinie des études de leurs enfants.

Récemment les autorités anglaises ont expérimenté un dispositif de soutien financier en direction de ces familles modestes ayant des enfants de 16-18 ans encore scolarisés (*Education Maintenance Allowance*). On leur proposait une allocation d'environ 150 euros par mois pour les aider à financer la poursuite des études de leurs enfants. La comparaison des zones pilotes avec des zones analogues n'ayant pas bénéficié du dispositif révèle que le soutien financier –aussi modeste puisse-t-il paraître – accroît très signifi-

mances scolaires. Les résultats de Piketty confirment les conclusions de travaux plus proprement expérimentaux comme ceux obtenus dans le cadre du programme *STAR* aux États-Unis.

cativement la poursuite des études et le niveau de formation à la sortie du système éducatif des enfants d'origines modestes.

De telles expériences ne sont pas disponibles aujourd'hui en France et seraient sans doute difficiles à mettre en place (sinon sur la base du volontariat, ce qui leur ferait perdre beaucoup d'intérêt). On peut toutefois emprunter quelques détours et vérifier que ce qui marche dans le contexte anglais marcherait également dans le contexte français. C'est un détour de ce type que propose une recherche récente, menée en collaboration avec Theodora Xenogiani[47]. Cette étude éclaire les déterminants de la poursuite des études à l'âge adulte en France en utilisant les effets d'une réforme n'ayant *a priori* rien à voir, à savoir la suppression du service national décidée en 1997 pour les générations d'hommes nés en 1979 et après.

Pour les générations nées avant la suppression du service national, la poursuite des études était un moyen de reporter dans le temps le moment de l'incorporation. Poursuivre ses études était une façon également de se donner les moyens de postuler à un service national moins pénible et moins ennuyeux que le service standard. Les formes particulières de service national dans la coopération ou les services techniques n'étaient en effet accessibles qu'aux jeunes diplômés. Bref, l'existence même du service national (et de ses variantes) constituait une incitation à la poursuite des études. Avec sa suppression, cette incitation a disparu. À 18 ans, les jeunes hommes nés en 1979 ont objectivement moins intérêt à poursuivre des études que ceux nés dans les générations antérieures.

En observant les différences de taux de scolarisation des 18-23 ans entre les jeunes hommes nés *avant* la réforme et ceux nés *après* la réforme, et en comparant ces différences avec celles observées pour les jeunes filles sur la même période, on peut vérifier très

47. Éric Maurin et Theodora Xenogiani, "The Demand for Education and Labor Market Outcomes: Lessons from the Abolition of the Military Service in France", document de travail CREST, 2004.

simplement si la diminution de l'intérêt objectif de poursuivre ses études a eu un effet quelconque sur les comportements des garçons. Les résultats sont particulièrement éloquents. Pour les garçons, une rupture très nette apparaît après la réforme, avec une baisse d'environ 7 % des taux de scolarisation entre 18 et 20 ans, tandis que, pour les jeunes filles, aucune tendance n'est repérable. Aussi marginale puisse-t-elle paraître, la petite modification du rapport coûts/avantages des études induite par la réforme de 1997 a ainsi suffi à diminuer significativement le taux de scolarisation des garçons par rapport à celui des filles. Une analyse plus approfondie révèle que ce sont les fils des classes populaires dont le comportement vis-à-vis de l'école a le plus changé après la réforme, c'est-à-dire les garçons pour qui le choix de poursuivre les études est financièrement le plus problématique et le plus susceptible d'être remis en question par des arguments de coûts. À l'opposé, service militaire ou pas, la plupart des fils de cadres font de toute façon des études longues : l'abolition du service militaire n'a eu qu'un impact marginal sur leur comportement.

Ces résultats délivrent une leçon d'une portée considérable : la décision de poursuivre ou non des études n'est pas l'objet d'un déterminisme social irrémédiable et intangible, mais représente le résultat d'arbitrages réalisés par les étudiants et leurs familles, arbitrages par nature fluctuants et dont les termes peuvent être modifiés par l'action publique.

L'étude révèle également que les années de formation initiale auxquelles les jeunes garçons des classes populaires ont renoncé après l'abrogation du service militaire obligatoire n'étaient pas des « années parkings », sans autre valeur que celle de repousser l'incorporation. De fait, la baisse des années d'études s'est accompagnée d'une baisse significative des salaires d'embauche des garçons par rapport aux filles (environ 12 %), particulièrement sensible dans les milieux populaires.

Quand on se concentre sur les jeunes garçons d'origines modestes, ceux-là mêmes pour qui la poursuite des études n'a rien d'évident, nos évaluations suggèrent finalement que chaque année supplémentaire dans le système éducatif (plutôt qu'en entreprise sur le marché du travail) s'accompagne d'un surcroît de salaire d'environ 15 %. La formation sur le tas, en entreprise, est incontestablement bénéfique et porteuse de qualifications, mais moins toutefois que les années de formation générale à l'école.

S'appuyant sur cette expérience, l'étude suggère qu'un prêt à taux zéro correspondant à environ un demi-smic annuel centré sur les enfants des classes populaires permettrait d'augmenter de 15 % leur probabilité de poursuite des études et aurait pour conséquence ultérieure d'augmenter très significativement (15 % par année d'étude) leurs salaires à l'entrée sur le marché du travail, puis en cours de vie active[48].

Le système de bourses en vigueur à l'heure actuelle ne propose pas d'aides aussi significatives. Les bourses sont dispersées sur un nombre trop important de bénéficiaires, sans atteindre individuellement le niveau critique susceptible d'influer réellement sur les attitudes vis-à-vis des études. Un peu à l'image de ce qu'il conviendrait de faire pour les ZEP, il semble aujourd'hui nécessaire d'augmenter le niveau des bourses, tout en les recentrant sur un nombre plus restreint de bénéficiaires.

Une telle politique est d'autant plus recommandable qu'elle a toutes les chances de bénéficier des effets d'entraînement déjà décrits à propos des politiques sociales en direction de l'enfance. La qualité du voisinage influe non seulement sur la réussite aux épreuves scolaires, mais également sur la décision de rester à l'école ou de se mettre à chercher du travail. Les données de l'enquête Emploi révèlent ainsi qu'à origine sociale donnée, un jeune de moins de 25 ans a une probabilité d'autant plus grande d'entrer

---

48. Une expérimentation en cours au Royaume-Uni parvient à des ordres de grandeur similaire.

sans qualification sur le marché du travail qu'il habite un voisinage où la proportion de jeunes sans qualification sur le marché du travail est importante. Le contexte social semble même avoir un impact plus important encore sur la décision de persévérer (ou non) dans le système éducatif que sur la probabilité d'y réussir. L'effet du contexte sur la décision de quitter l'école semble en tout cas plus net encore que l'effet du contexte sur la probabilité d'être en retard. De fait, l'aide financière aux familles de jeunes sans qualification est susceptible d'aider à persévérer, non seulement les jeunes qui en bénéficieront directement, mais plus largement – du fait de la ségrégation et des effets d'entraînement – l'ensemble des jeunes, pauvres et moins pauvres, vivant dans le même voisinage.

Conclusion

Quatre enseignements peuvent être retenus de cette enquête. Le premier concerne la représentation que nous nous faisons de la ségrégation territoriale en France. Le débat démocratique a certainement avancé ces dernières années puisque les termes même de « ghetto » ou de « ségrégation » n'y sont plus tabous : face à la réalité des quartiers, la pudeur et le long cortège des euphémismes d'hier ne sont plus de mise. Mais un nouveau pas doit être franchi : alors que beaucoup considèrent encore que les déchirements de la ville affectent essentiellement une minorité d'exclus, il va falloir accepter l'idée que les mécanismes de la ségrégation traversent toute la société et non seulement ses franges. La défiance et la recherche de l'entre-soi, les stratégies d'évitement et de regroupement concernent à peu près toutes les catégories – à commencer par les plus favorisées – et organisent les formes de la coexistence sociale sur l'ensemble du territoire. Ce tableau est d'autant plus préoccupant que, contrairement à une idée reçue, il est à peu près fixe depuis vingt ans. La société qu'il laisse entrevoir est une société à la fois fragmentée et figée, hantée par la peur du déclassement. Une société où l'on change souvent de trottoir.

Le deuxième enseignement concerne les raisons de cette guerre silencieuse et généralisée pour le territoire. En réalité, on ne s'y bat pas seulement pour des espaces plus « sûrs », des logements de qualité ou des équipements de proximité, mais encore et peut-être avant tout pour des destins, des statuts, des promesses d'avenir. En choisissant son lieu de résidence, on choisit aussi ses voisins et les enfants de ses voisins, ceux avec lesquels nous ferons grandir les nôtres, ceux avec lesquels nous les enverrons à l'école, etc. S'il en est ainsi, c'est parce que nous croyons que la qualité de l'environnement social immédiat pèse de tout son poids sur la réussite ou l'échec de chacun. Jusqu'à une époque récente, cette intuition pratique n'avait guère été mise à l'épreuve par les sciences sociales. Elle commence à l'être et les travaux à son sujet lui donnent raison. Loin d'être un fantasme, le poids des interactions de voisinage et du contexte immédiat sur les destins sociaux s'avère considérable. De fait, la ségrégation ne consiste pas seulement à assigner certains individus à certains territoires, à ranger chacun auprès de ses pairs : elle verrouille aussi l'avenir. Elle ouvre, entrouvre, amenuise ou ferme l'horizon, selon que l'on grandit aux côtés de parents et de voisins diplômés ou dans un quartier dévasté par l'échec, dans une zone pavillonnaire peuplée de professions intermédiaires ou dans un centre-ville embourgeoisé. L'environnement social immédiat n'est pas une contingence secondaire de l'existence, dont l'effort, le travail et le mérite pourraient aisément lever les hypothèques : il tend au contraire à s'imposer comme une condition existentielle du développement de chacun.

Le troisième enseignement est politique. Comment lutter contre la ségrégation et les inégalités de contexte qui la caractérisent et l'alimentent ? Question difficile dans un pays où la « mixité sociale » recueille les suffrages d'une écrasante majorité de citoyens – notamment parmi les intellectuels et les politiques –, mais se heurte aux choix concrets et aux pratiques individuelles d'une majorité tout aussi écrasante – y compris parmi les intellectuels et les politiques. Faut-il se scandaliser d'une telle contradiction ? Faut-il s'émouvoir de découvrir en chacun de nous les passions enfouies de la ségrégation dont nous constatons les effets autour de nous ? Le « bon citoyen » qui, relativement diplômé et correctement rémunéré, irait s'installer par solidarité dans un quartier déshérité serait aussi rapidement suspecté d'être un « mauvais parent ». Cette contradiction est certes terrible mais, paradoxalement, elle aide à mieux comprendre les ressorts cachés du séparatisme social : c'est peut-être aux individus eux-mêmes qu'il faut s'intéresser, plutôt qu'aux territoires. La plupart des politiques qui, depuis quinze ou vingt ans, ont tenté d'endiguer le phénomène en ciblant des territoires, sont aujourd'hui en échec : ni le logement social, ni les politiques d'accès au logement, ni les zones franches n'ont permis de faire reculer le mal. Ils ont parfois limité certains de ses effets les plus visibles, mais ils n'ont en aucune façon désamorcé les « bonnes raisons » que peut avoir chacun d'aspirer à un bon voisinage. Même la politique des zones d'éducation prioritaires, qui repose pourtant sur un principe sain (« donner plus à ceux qui ont moins »), ne présente qu'un bien maigre bilan plus de vingt ans après sa mise en place.

Le quatrième enseignement est qu'il faut tourner nos politiques vers les individus. C'est en atteignant les individus que l'on transformera le territoire – et non l'inverse – et que l'on parviendra à atténuer l'extraordinaire anxiété qui traverse la société française depuis une vingtaine d'années. Il faut pour cela appliquer résolument un principe : donner davantage aux jeunes enfants et aux adolescents les plus démunis de ressources familiales. Les marges de manœuvre restent considérables pour améliorer les conditions de développement des tout jeunes enfants, les conditions de logement des adolescents ou pour aider les jeunes adultes à se former plutôt que d'entrer de façon précoce sur le marché du travail pour finalement errer d'emplois précaires en emplois précaires. L'ensemble de nos politiques publiques pour la santé, le logement ou la formation peut être réorienté de manière à se concentrer réellement sur les jeunes les plus démunis et à éviter de se disperser sur un trop grand nombre de bénéficiaires, ou de territoires, choisis selon des critères manquant de transparence et de souplesse. Les évaluations disponibles convergent toutes pour souligner que les investissements publics pour l'amélioration des conditions de développement des jeunes les plus démunis ne sont pas seulement justes, mais parmi les plus rentables qui se puissent concevoir.

La réflexion pourrait (et devrait) naturellement être prolongée. Comment lutter contre les causes profondes de la ségrégation territoriale sans atténuer l'anxiété sociale des familles et des jeunes face à l'école et au marché du travail ? Dans la foulée des politiques alternatives que j'ai tenté d'illustrer, je crois notamment nécessaire de promouvoir une école moins sélective, moins anxiogène, avec des programmes moins lourds et plus concrets, autour desquels pourraient se déployer des scolarités obligatoires dont le redoublement et l'échec seraient quasi bannis[49] (comme c'est d'ailleurs le cas chez la plupart de nos voisins européens). Le collège est le moment où se construisent les relégations les plus définitives et les humiliations les plus marquantes. Le moment où se creusent d'irrémédiables distances entre ceux que leur environnement social prépare depuis longtemps aux exercices savants et aux humanités, et ceux qui en ignorent les codes ou n'en perçoivent pas l'utilité. Suspendre la sélection précoce et promouvoir un véritable « collège pour tous » restent un projet d'actualité, dont l'objectif serait l'acquisition d'une culture commune par chaque classe d'âge, culture discutée et définie par l'ensemble de la société et non plus seulement par les spécialistes de chaque discipline.

Un premier problème, le plus évident, est de définir cette culture commune, adaptée à un collège de masse. Il s'agit d'un pro-

---

49. Voir à ce sujet le récent essai de François Dubet, *l'École des chances. Qu'est-ce qu'une école juste ?*, Paris, La République des Idées/Le Seuil, 2004.

blème évidemment extrêmement délicat, mais de nature essentiellement politique. Il doit pouvoir se résoudre sur le forum démocratique. Peu de choses sont vraiment importantes pour comprendre l'essentiel d'une société et être capable d'y prendre place. Il doit être possible de converger vers des programmes accessibles à un plus grand nombre de collégiens. Ce faisant, on pourrait espérer régler en partie le problème posé aux enseignants par l'hétérogénéité des publics fréquentant aujourd'hui le collège.

Toutefois la véritable difficulté n'est peut-être pas tant de redéfinir les objectifs de la scolarité obligatoire que de modifier les rapports des familles avec l'école, et notamment des familles les mieux informées des enjeux d'une bonne formation initiale. Autrement dit, il semble difficile d'imaginer un collège moins concurentiel et inégalitaire sans réformer également le lycée et l'enseignement supérieur et, plus généralement, sans promouvoir une société plus fluide. Il serait utopique d'espérer désamorcer la concurrence pour les meilleurs lycées en gardant l'enseignement supérieur tel qu'il est, avec des grandes écoles ultra-élitistes, des filières universitaires de relégation, et très peu de passerelles entre les deux.

L'enseignement supérieur ne concerne aujourd'hui qu'une minorité d'enfants : essentiellement des enfants de cadres supérieurs et, à un moindre degré, de classes moyennes. Les problèmes peuvent à ce titre paraître secondaires par rapport à ceux que rencontre une majorité d'enfants dont beaucoup sont en échec dès l'école et le collège. En réalité les deux questions sont intimement liées. La ségrégation spatiale, l'usage consumériste des établissements privés par les parents, la pression pour les classes de niveaux, l'orientation sélective, etc., toutes ces réalités qui minent l'école et le collège de l'intérieur ne pourront être désamorcées si l'enseignement supérieur reste une institution aussi cloisonnée, où chaque inflexion de trajectoire est aussi un irréversible déclassement social.

Plus fondamentalement, c'est notre modèle de société tout entier qu'il faut interroger. La France se caractérise par un degré élevé et croissant d'inégalités de statut dans l'emploi. Depuis maintenant vingt ans, les inégalités de salaire ou de revenus restent à des niveaux historiquement faibles, mais les inégalités d'exposition à l'intérim, aux CDD et au chômage sont en augmentation régulière[50]. La France est le pays d'Europe où ces inégalités entre jeunes et âgés ou entre diplômés et non-diplômés sont les plus élevées. Dans le même temps, la mobilité dans la hiérarchie des salaires baisse[51]. Pour simplifier, la société française s'adapte aux changements contemporains en maintenant des inégalités de revenus relativement modérées (au regard de ce qu'elles ont été), mais de plus en plus irréversibles. En somme, elle produit de nouveaux statuts auxquels sont associés des destins étroitement scellés.

Il n'y a là aucune fatalité. Il existe bien d'autres façons de s'adapter aux évolutions technologiques et industrielles, comme en témoigne la diversité des expériences en Europe et outre-Atlantique[52]. Il est tout à fait possible d'évoluer vers une société où les trajectoires se définissent de façon moins irréversible à chaque étape de la scolarité et de la vie, une société où les échecs de chacun ne soient pas autant d'atteintes destructrices à l'estime de soi. Il est tout à fait possible d'évoluer vers une société plus fluide. Cela suppose des passerelles plus nombreuses et bien plus étroites, des aller-retour plus fréquents et naturels, entre formation initiale et marché du travail, formation générale et formation professionnelle. Alors seulement, les familles pourront entretenir un rapport un peu moins anxieux à l'avenir, à la scolarité de leurs enfants et au territoire qui cristallise et révèle l'étendue des blocages. Et les

---

50. Voir Thomas DiPrete *et al.*, « Insecure Employment Relationships in Flexible and Regulated Labor Markets: a Comparison of the United States and France », document de travail CREST, 2004.

51. Voir Stéphane Bonhomme et Jean-Marc Robin, « Modeling Individual Earning Trajectories with Copulas: France 1990-2002 », document de travail CREST, 2004.

52. Voir Éric Maurin et Fabien Postel-Vinay, « The European Job Security Gap », à paraître dans *Work and Occupations*.

conditions d'une plus grande mixité sociale seront peut-être réunies.

À l'orée des années 1960, dans des discours restés célèbres, John Kennedy puis Lyndon Johnson définissaient une nouvelle frontière sociale pour leur pays : au-delà de l'égalité des droits, l'égalité réelle des personnes, l'égalité devant les processus de constitution de soi, devant l'avenir. Il est de bon ton aujourd'hui de déclarer que tout a été dit et tenté en matière de justice sociale. L'examen scrupuleux de la situation française montre qu'il n'en est rien. À bien des égards, nous n'avons jamais réellement pris acte du déchirement intérieur de notre société, ni réellement mis en œuvre les principes politiques qui permettraient de la rassurer et de la recoudre.

Annexes

Tableau 1

Ghettoïsation par le haut: un écrasant surcroît de voisinages sans étrangers et sans familles pauvres

	Proportion dans la population	% de voisinages tels que la proportion est nulle (1)	la proportion serait nulle si la mixité était parfaite (2)
Diplômés > bac + 2	8,9	25,0	4,2
Sans diplôme (ou CEP)	38,6	6,0	0,0
Rémunérations fortes (1er décile)	10,0	43,2	16,6
Rémunérations faibles (dernier décile)	10,0	34,3	16,6
Étrangers	5,6	45,6	9,9
Familles monoparentales	7,2	33,2	14,9

Sources : enquête Emploi 2002, INSEE.

(1) Les chiffres de la 2e colonne indiquent pour chaque caractéristique (diplôme du supérieur, rémunération forte...) le pourcentage de voisinage dont elle est absente.
(2) Les chiffres de la 3e colonne indiquent pour chaque caractéristique (diplôme du supérieur, rémunération forte...) quel serait le pourcentage de voisinage dont elle serait totalement absente si elle était répartie de manière aléatoire sur le territoire.
Lecture : en 2002, 5,6 % des répondants à l'enquête Emploi sont étrangers. Dans 45,6 % des voisinages visités lors de l'enquête Emploi, la proportion de personnes étrangères est nulle. En l'absence de ségrégation, seuls 9,9 % de ces voisinages seraient dans ce cas.

Tableau 2

Stabilité de la ségrégation spatiale en France

Caractéristiques	Indicateur synthétique de ségrégation spatiale (1) 1991	1994	2002
Diplômés > bac + 2	3,0	3,1	3,3
Sans diplôme (ou CEP)	2,8	2,5	2,4
Rémunérations fortes (1er décile)	2,1	2,1	2,2
Rémunérations faibles (dernier décile)	1,6	1,6	1,7
Chômeurs	1,9	1,7	1,8
Étrangers	3,2	3,3	3,3

Sources : enquêtes Emploi 1991, 1994, 2002, INSEE.

(1) Pour chaque caractéristique *(i. e.*, étranger, chômeur, diplômé > bac+2, etc.), l'indicateur correspond au rapport entre la dispersion observée (écart type de la distribution) des pourcentages d'individus ayant cette caractéristique et la dispersion que l'on observerait si les personnes ayant cette caractéristique étaient réparties aléatoirement entre les voisinages. L'indicateur vaut ainsi 1 en l'absence de ségrégation selon le critère considéré et il est d'autant plus grand que la ségrégation est forte.

Tableau 3

Inégalités devant le contexte social entre adolescents de 15 ans, selon le diplôme et la nationalité des parents

Diplôme et nationalité des parents	1991	1996	2002
	Proportion de familles dans le voisinage avec au moins un diplômé > bac+2		
Au moins un parent diplômé > bac + 2	18,0	23,8	22,9
Aucun parent diplômé > bac + 2	4,6	5,4	6,5
	Proportion de familles dans le voisinage avec au moins une personne étrangère		
Avec au moins un parent étranger	18,6	22,1	19,2
Sans parent étranger	4,8	4,1	4,6

Sources : enquêtes Emploi 1991 à 2002, INSEE.

Champ : adolescents de 15 ans. Pour l'enquête de l'année *t*, enfants nés en *t-15*.
Lecture : en 2002, les enfants dont l'un des parents au moins est diplômé du supérieur (resp. étranger) grandissent dans des voisinages où le pourcentage de diplômés du supérieur (resp. d'étrangers) s'élève en moyenne à 22,9 % (19,2). En 2002, les enfants dont aucun des parents n'est pas diplômé du supérieur grandissent dans des voisinages où le pourcentage de diplômés du supérieur s'élève en moyenne à 6,5 %.

Tableau 4

Le risque de retard scolaire à 15 ans selon les ressources des parents et la proportion de voisins de 15 ans en retard scolaire

Caractéristique des parents	Caractéristique du voisinage Retard scolaire < médiane (1)	 > médiane (1)
Diplôme père		
pas de diplôme	50,8	61,0
au moins un diplôme	24,0	31,4
Chômage		
au moins un chômeur	50,5	64,4
pas de chômeur	33,7	45,0
Nationalité		
au moins un étranger	56,0	65,0
pas d'étranger	34,0	45,0

Sources : enquête Emploi 2002, INSEE.

Champ : adolescents de 15 ans. Pour l'enquête de l'année *t*, enfants nés en *t-15*.
(1) Un « retard scolaire < médiane » caractérise la moitié des voisinages où le taux de retard moyen des enfants de 15 ans est le plus faible. Inversement un « retard scolaire > médiane » caractérise la moitié des voisinages où le taux de retard moyen des enfants de 15 ans est le plus fort.
Lecture : dans les familles dont le père n'a pas de diplôme, le risque d'être en retard scolaire à 15 ans est de 50,8 % lorsque la proportion de voisins de 15 ans en retard est relativement faible (inférieure à la médiane de sa distribution) et de 61,0 % lorsque la proportion de voisins de 15 ans en retard est relativement forte (supérieure à la médiane de sa distribution).

Table des matières

Impression : Groupe Corlet à Condé-sur-Noireau
Imprimé en France - N°132369
Dépôt légal : Septembre 2006 - N°68580-10